The Happiest Baby
on the Block

赤ちゃんが
ピタリ
泣きやむ

魔法の
スイッチ

Harvey Karp, M.D.
ハーヴェイ・カープ

東京女子医科大学母子総合医療センター所長
東京女子医科大学教授
仁志田博司＝監修

土屋京子＝訳

講談社

赤ちゃんが
ピタリ泣きやむ
魔法のスイッチ

この本では、泣きむし赤ちゃんを一瞬のうちにニコニコ赤ちゃんに変身させる方法を紹介しています。文中に「コリック」という言葉が何度か出てきますが、これは赤ちゃんが突然泣き出し、あやしてもミルクを与えても泣きやまない状態をさしています。コリックの赤ちゃんは、泣くだけ泣くと何事もなかったかのように静かになるので、病気が原因ではありません。胎児期の心地よい環境から子宮の外の環境に慣れるまでのあいだ、歯車がかみ合わず不機嫌になって泣き出すのだと考えられています。これから紹介する「五つのスイッチ」は、ベテランの小児科医なら自然に身につけている「赤ちゃんを気持ちよくさせるコツ」を、誰にでも簡単にできるように説明している点で優れています。コリックだけでなく、病気が原因ではないあらゆる泣きむし赤ちゃんに、とても役立つと思います。

東京女子医科大学母子総合医療センター所長
東京女子医科大学教授
仁志田博司

はじめに

一九七〇年代初めに小児科医の道をこころざしたころ、わたし自身、赤ちゃんがこんなに簡単に泣きやんでくれる方法があるとは思いもしませんでした。当時の医科大学では、赤ちゃんが泣くのはおなかにガスがたまって痛いからだ、したがって、それを防ぐ薬を用いるべきである、などと教えていたものです。

わたしは医学生としては一流の教育を受けましたが、火がついたように泣き出したら何をしても泣きやまないコリックの赤ちゃんにはお手上げでした。インターンを修了したあと、わたしはロサンゼルスの子ども病院に三年間勤務しました。ここは世界でも屈指の小児科病院です。こうして「赤ちゃんのお医者さん」として一人前になる練習を積んだあとでも、泣き叫ぶ赤ちゃんを抱えておろおろするママやパパを助けてあげることはできませんでした。一九八〇年、UCLA医学部にいたとき、わたしのフラストレーションは、ついにショックと危機感に変わりました。当時、わたしはUCLAの児童虐待防止対策チームの一員として、親からひどい虐待を受けた赤ちゃんたちの治療に当たっていたのですが、赤ちゃんがどうしても泣きやまないことが原因で虐待に至ったケースがいくつもあったのです。

赤ちゃんが泣いて困るのは昔からあることですが、われわれの最新医療をもってしても打つ手がないとは、あまりにお粗末です。UCLAに勤務した二年のあいだ、わたしは赤ちゃんのコリックに関して手当たりしだい文献に目を通しました。何としても解決策を見つけたいと思ったのです。

まもなく、希望につながる二つの事実が見えてきました。

第一は、新生児と生後三ヵ月の赤ちゃんでは脳に大きな違いがある、ということです。アメリカの優秀な小児科医アーサー・パーマリー博士が一九七七年に発表した研究論文によって、誕生後の数ヵ月で赤ちゃんの脳がいかに複雑に発達するかが明らかになりました。博士の論文には、大泣きしている新生児とにこにこ笑っている三ヵ月児のイラストが出てきます。そして、大多数の新米ママや新米パパはいきなり「にこにこ笑う三ヵ月児」がやってくるように夢見ているけれども、現実の新生児は「大泣きする胎児」と呼んだほうが近いような生き物なのである、と述べています。要するに、赤ちゃんは誕生から三ヵ月のあいだに急激な発達をとげるものであり、現実の赤ちゃんは新米ママ・パパが想像する赤ちゃんとは大きくかけ離れたものである、ということです。

二つ目の発見は、アメリカ以外の社会における子育てについて学んだことです。UCLA医学部図書館に所蔵されている古い本や学会誌に目を通してみて、わたしはショックを受けました。アメリカ国外に目を向けてみると、新米ママ・パパをこんなに悩ませている赤ちゃんの大泣きがまったく存在しない社会がたくさんあったのです。

この問題を深く調べれば調べるほど、アメリカの社会は多くの面で進んでいるものの、赤ちゃんのニーズを理解することにかけてはかなり遅れている、という事実がわかってきました。どこかで、わたしたちは道を間違えてしまったようです。赤ちゃんが泣きやまなくて困るという問題の根本には、何世紀にもわたって続いてきた思い込みや誤解があるのです。それがわかったら、赤ちゃんはなぜ泣くのか、どうやったら泣きやんでくれるのか、といった問題への答えがはっきり見えてきました。人間の赤ちゃんは、要するに、あと三ヵ月ほど居心地のいいおかあさんのおなかの中で過ごしたかったのです。

生まれてきた赤ちゃんにとってこの世界はどんなふうに感じられるのか、そして、赤ちゃんを泣きやませるにはどうすればいいのか、この本で説明しましょう。過去二〇年にわたって、「赤ちゃんが泣きやむ五つのスイッチ」は、何千人という赤ちゃんにとてもよく効きました。初めは少し変な感じがするかもしれませんが、いったんコツをつかめば、驚くほど簡単です。世界の各地で、何千年も前から、たくさんのママやパパがこの方法を使って赤ちゃんを泣きやませてきました。あなたも、すぐにできるようになりますよ。

ハーヴェイ・カープ

赤ちゃんがピタリ泣きやむ魔法のスイッチ
CONTENTS

装丁
川上成夫
装画・挿画
五十川祐美
本文デザイン
CGS・野地恵美子
本文イラスト
松本 剛

part 1

赤ちゃんは、どうしてこんなに泣くの？

chapter 1

だいじょうぶ、泣きやませる方法はあります

赤ちゃんが生まれました！　おめでとうございます！　受胎の瞬間から出産の日まで、おなかの中で赤ちゃんをりっぱに育てあげたおかあさん、よくがんばりましたね。赤ちゃんを迎えるのは、すばらしい経験です。同時に、驚きの連続でもあります。うれしい気持ちと、泣きたい気持ちと、途方に暮れる気持ちとが、いっぺんに押し寄せてくるような経験でしょう。

新米ママ・パパとして何より大切な仕事は、赤ちゃんを思いっきり愛してあげることです。そのつぎは、ミルクをあげることと、泣いたらあやしてあげること。

小児科医として二五年間、いろいろなママやパパを見てきましたが、「ミルク」と「あやす」が上手にできるママやパパは輝いています。ごきげんのいい赤ちゃんを抱いて、親になった最高の喜びを味わっています。でも、これがうまくいかなくて、「もう！　いったい、どうしたらいいの!?」といった気分になっているママやパパも多いこ

とでしょう。

さいわいなことに、「ミルク」のほうは、さほど難しい仕事ではありません。ほとんどの新生児は、生まれたときから上手に飲んでくれます。でも、赤ちゃんを泣きやませるほうは、そう簡単ではないようです。

新米ママ・パパは、自分たちのところに「泣きむし赤ちゃん」がやってくるなんて、夢にも思いません。友だちや家族から苦労話を聞かされたって、そんなの他人事だと思っています。自分のところだけはだいじょうぶ、きっと「にこにこ赤ちゃん」がやってくる、と思っているのです。だから、実際に生まれてきた赤ちゃんが泣きやまないと、ショックを受けてしまいます。

誤解しないでいただきたいのですが、わたしは、泣くことが悪いと言っているわけではありません。むしろ、泣けるということは、すばらしいことです。自分では何もできない赤ちゃんにとって、何かを訴える大切な手段なのですから。泣き声を上げれば、ママやパパは赤ちゃんに注意を向け、なぜ泣いているのか考えてくれます。

――おなかがすいたのかな？　ミルクあげよう。

――おしっこが出たのかな？　おむつ替えてあげよう。

――淋しいのかな？　抱っこしてあげよう。
――ガスがたまって苦しいのかな？　げっぷさせてあげよう。
――寒いのかな？　もう一枚着せてあげよう。

困るのは、何をしても赤ちゃんが泣きやんでくれないときです。

はっきりした理由がわからないまま大泣きをくりかえす赤ちゃんは、五人に一人ぐらいいると言われています。小さな顔を真っ赤にして、目を思いっきりバツ印にして。親は、赤ちゃんが泣き叫ぶ声を聞くと、いてもたってもいられません。疲れはてていても、泣く理由がわからなくても、とにかく何時間でも抱いて泣きやませようとします。それでも赤ちゃんが泣きやまないと、親のほうはだんだん自信がなくなってきます。「この子、どこか痛いのかしら？」「わたし、赤ちゃんを甘やかしすぎてるかしら？」「親にじゅうぶんかまってもらえないのが不満で泣いているのかしら？」「わたし、ダメなおかあさんなのかなあ……？」

ミルクを飲んでくれない赤ちゃんについては、相談できるクリニックや専門家がたくさんありますが、泣き叫ぶ赤ちゃんについては、相談にのってくれる機関がほとんどありません。これは不幸なことです。赤ちゃんに泣きやんでほしいと思うのは親の自然な心情ですが、赤ちゃんを泣きやませるテクニックは学習しなくては身につかないものだからです。

自信がつくと子育てが楽しくなりますよ

昔の世代に比べると、いまの世代は赤ちゃんに接する機会が少なくなっています。でも、だからといって、新米ママ・パパが育児について何も知らないかというと、そんなことはありません。周囲の人たちが寄ってたかってアドバイスしてくれるからです。「赤ちゃん、退屈してるのよ」「暑いんじゃないの?」「帽子をかぶせるべきです」「げっぷが出ないからですよ」等々。

これでは混乱してしまいます。いったい、誰を信じればいいのでしょう?

途方に暮れたママ・パパは、お医者さんに助けを求めます。研究によれば、親の六組に一組が赤ちゃんの大泣きに困って医者に連れていく、ということです。診察して何も悪いところがないとなると、お医者さんも、「たいへんでしょうが、もう少しのしんぼうですよ。永遠に続くわけではないですから」と言うしかありません。親は、しかたなく育児の本に頼ることになります。

泣きむし赤ちゃんを抱えたママとパパは、延々と育児書とにらめっこして、「うちの赤ちゃん」にあてはまる記述を探します。けれども、本のアドバイスも、わけのわからないことだらけです。「赤ちゃんを抱っこしてあげましょう。でも、甘やかしすぎないように」「赤ちゃんには愛情を注いでください。でも、泣き疲れて自然に眠るまで放っておきましょう」。育児の専門家でさえ、ほんとうに泣きむしの赤ちゃんには打つ手がない、と書いています。

わたしのもとを訪れる悩めるママ・パパは、赤ちゃんの大泣きはどうしようもない、耐えるしかない、と言われてきた人たちがほとんどです。でも、赤ちゃんを泣きやませる方法はあります。大泣きしている赤ちゃんがものの数分でおとなしくなる方法があるのです!

わたしは、これまで五〇〇〇人以上の赤ちゃんたちを診ながら最先端の研究や症例を参考にし、一方で、昔ながらの知恵をいろいろと調べてきました。その結果、赤ちゃんのニーズを理解し、泣きやませ、すやすや眠らせるうえで決定的に重要なポイントが見えてきました。

●人間の赤ちゃんは、ほんとうはあと三ヵ月おなかの中にいたかった。
●赤ちゃんには鎮静反射（おとなしくなる反射）が備わっている。
●赤ちゃんが泣きやむ五つのスイッチがある。

赤ちゃんが大泣きするのは、三ヵ月早く生まれてしまったからです

牛や馬の赤ちゃんを見たことがありますか？　牛や馬の赤ちゃんは、生まれたその日から歩いたり走ったりできます。生きのびるために、そうした能力が必要だからです。それに比べて、人間の赤ちゃんはとても未熟です。走ることも歩くこともできないし、寝返りを打つこともできません。一日の大半を眠って過ごし、食べることさえ自力ではできません。人間の妊娠期間があと三ヵ月長ければ、生まれてきた赤ちゃんは声を出したり、にっこり笑ったりする能力を備えているはずです。でも、「あと三ヵ月、赤ちゃんをおなかに入れておきますか？」と聞かれて、「そうします」と答える女性はいないでしょう。当然です。妊娠九ヵ月の時点でさえ、赤ちゃんの頭は産道を通りぬけられるぎりぎりの大きさです。あと三ヵ月も余分におなかに入れておいたら、とても産道を通

ることはできません。

　人間の赤ちゃんは、どうしてこんな未熟な状態で生まれてくるのでしょう？　理由は単純です。馬の赤ちゃんは強くて大きいからだで生まれてくるかどうかが生死を分けるポイントになりますが、人間の赤ちゃんは大きくて賢い頭を持って生まれてくるかどうかが生死を分けるからです。そして、大きな頭を獲得したために、人間は、赤ちゃんを理想より三ヵ月も早めに産んでしまわなくてはならなくなりました。さもないと、赤ちゃんの頭が産道につかえてしまうからです。

　新生児もサバイバル能力が全くないわけではありませんが、最初の三ヵ月は、ほんとうなら子宮の中に置いてあげたいような状態です。でも、カンガルーと違って人間には赤ちゃんを入れておくポケットがありませんから、愛情あふれるママ・パパとしては、せめて赤ちゃんがそれまで一日二四時間ぬくぬくと安心していられた子宮内の環境に近づけてあげたい、と考えるわけです。それにしても、子宮の中は、どんな感じだったのでしょう？

　子宮の中にいるあいだ、赤ちゃんはからだを小さく丸めた胎児姿勢を取り、あたたかい子宮壁にぴったりくるまれて、ほぼ一日じゅう心地よい揺れを感じていました。さらに、「シーッ、シーッ」という音も聞こえていました。しかも、この音は、掃除機の騒音より少しうるさいくらいの大きさです。

子宮の中にいたときの環境に近づけてあげると赤ちゃんが泣きやむことは、何千年も昔から知られていました。だから、昔から世界じゅうのママやパパが赤ちゃんを布でくるんだり、揺らしたり、「シーッ」と声をかけたりしてきたのです。赤ちゃんが笑ったり声を出したりできるようになるまでの三ヵ月、こうした働きかけは、泣きむし赤ちゃんにとって絶対的に必要な救いの手です。もちろん、ごきげんのいい赤ちゃんに対しても有効なことは、言うまでもありません。

子宮内に近い状態を再現してあげると赤ちゃんが泣きやむのは、なぜでしょう? これまでは、住みなれた場所にもどったみたいで安心するからだろう、と考えられてきましたが、最近になって、「鎮静反射」と呼ばれる作用が原因であるとわかってきました。

鎮静反射——母なる自然の知恵

赤ちゃんがおとなしくなる「鎮静反射」は、赤ちゃんを泣きやませる魔法のスイッチです。母なる自然は、どのような意図をもって、子宮内の環境が鎮静反射を起こすように仕組んだのでしょうか？　これには、驚くべき理由があります。わたしたちの遠い祖先にとって、赤ちゃんを泣きやませることはもちろん重要だったに違いないのですが、それよりはるかに重要なのは、胎児をおとなしくさせておくことだったのです！

おなかの中で胎児がかんしゃくを起こしたらどうなるか、想像してみてください。内側からパンチやキックをされたら、痛いだけでなく、胎盤がはがれたり臍帯《さいたい》が引っぱられたりして、重大な出血につながるおそれがあります。もっと致命的なのは、おなかの中で胎児が暴れて胎位が異常になれば、正常に分娩できず、胎児も母親も死ぬ可能性がある、ということです。

胎児が生きのびるため、さらには人類そのものが生きのびるために、この鎮静反射はきわめて重要な役割をはたしてきたに違いありません。子宮内の環境を心地よく感じておとなしくしていた胎児だけが無事に生まれてくる、というパターンが、何百万年という時間を経てできあがってきたわけです。現代の赤ちゃんは、子宮にくるまれておとなしくしていた古代胎児の末裔《まつえい》なのです。

わたしたちの祖先は、赤ちゃんを泣きやませる方法を本能的に知っていました。でも、鎮静反射そのものは、一九九〇年代半ばにわたしが初めてはっきりと確認したものです。わたしは、何百人もの泣きむし赤ちゃんを診察するうちに、この反射に気づきました。

小さなハンマーで膝の決まった部分を正確にたたいて膝蓋腱《しつがいけん》反射を確かめるのと同じように、鎮静反射も、ある一定の動作をきちんとやらないと起こらない反射作用です。けれども、正しくやれば、子宮にいたときの音や感覚の記憶がよみがえり、赤ちゃんはおとなしくなります。

子宮の中にいたときの環境を再現するために、昔から五つの方法が使われてきました。わたしは、これを「赤ちゃんが泣きやむ五つのスイッチ」と呼んでいます。

①おくるみ
②横向き／うつぶせ
③「シーッ」
④ゆらゆら
⑤おしゃぶり

比較的ごきげんのいい赤ちゃんならば、おしゃぶりをくわえさせるとか、抱っこしてダンスするなど、「赤ちゃんが泣きやむ五つのスイッチ」のどれか一つを試してみるだけでも泣きやむでしょう。でも、手ごわい泣きむし赤ちゃんの場合は、「五つのスイッチ」を総動員することが必要になります。「五つのスイッチ」を合わせ技で使うと、鎮静反射が起こって、魔法のように赤ちゃんが泣きやんでくれます。

「五つのスイッチ」は、いわば、赤ちゃんを泣きやませる五段重ねのケーキみたいなものです。一番下の層が「おくるみ」。そのつぎが「横向き／うつぶせ」。この二つで、まず、赤ちゃんを泣きやませるための下地作りをします。「おくるみ」は、赤ちゃんが手足をばたつかせてますます興奮してしまうのを止める働きがあります。「横向き／うつぶせ」は、赤ちゃんがとても安心する姿勢です。こうしてあげると、赤ちゃんの鎮静反射が目ざめはじめます。

三番目の層は「シーッ」という声。さらに、四番目の層「ゆらゆら」を重ねます。この二つによって鎮静反射が本格的に起こり、赤ちゃんはママの働きかけに気づいてリラックスしはじめます。

最後の仕上げが「おしゃぶり」です。これは、ほかのスイッチを積み重ねて赤ちゃんがおちついたときにやると、いちばん効果があります。「おしゃぶり」には鎮静反射を持続させる働きがあり、赤ちゃんをこのうえなく安心させる効果があります。

「赤ちゃんが泣きやむスイッチ」は、こんなふうに効きます

赤ちゃんが大泣きしているとき、この「五つのスイッチ」は、どんな方法よりも効果があります。典型的なコリックで、泣いて泣いて両親を困らせたショーンでさえ、「五つのスイッチ」でぴたりと泣きやみました。当時をふりかえって話してくれるのは、ママのスーザンです。

「わたし自身も赤ちゃんのころコリックだった、と、母から聞かされていました。だから、ショーンが生まれてまもなく、ああ、やっぱり、と思いました。黒い髪のハンサムなショーンは、予定より一週間早く生まれました。そして、競走馬みたいに、ゲートが開いたとたん全力疾走、って感じで困らせてくれました！

生まれて二週間目ぐらいから、毎日何時間も大泣きして、どうしようもないんです。苦しそうに全身で力みかえって泣く姿を見ていたら、わたし、自分がすごくダメな母親のような気がしました。何をやっても泣きやんでくれなくて、最後には、わたしもショーンと一緒に泣いたものです。

気にかかっていたこともありました。ショーンがこんなにひどく泣くのは、お産のときにどこかにダメージを受けたんじゃないか、って心配だったんです。すごく難産で、一時間半もいきみつづけたけど出なくて、お医者さんが吸引装置を使ったんです。初めて見たショーンの頭は、かわいそうに、青や黒の打ち身だらけのバナナみたいだったのをおぼえています。

最初の一ヵ月、小児科のお医者さんは、ショーンが泣き叫ぶのはありあまるエネルギーを発散させているんだろう、と言いました。それに、泣くたびに相手をしてやっていたら、甘やかしすぎになって、もっと泣くようになるかもしれない、とも言いました。そうかもしれないとは思いましたが、泣かせっぱなしにしておくと、ショーンはますますひどく泣くんです。わたしたちだって、つらくて聞いていられませんでした。

夫のドンとわたしは、手当たりしだいに育児書を読みました。毎日、あれやこれや新しいことを試してみました。でも、おくるみでくるんでもダメ、おしゃぶりをくわえさせてもダメ、わたしが食べるものを変えてもダメ、揺らしてみてもダメ。何をしてもダメでした。自動車とそっくりな音と震動を出す装置まで使ってみましたが、これもダメでした。

疲れはてたわたしたちは、再びお医者さんを訪ねました。お医者さんは同情してくれましたが、これは時期が過ぎるまで耐えるしかありません、とくりかえすだけでした。その日の午後、病院から帰ってきたドンとわたしは、赤ちゃんのためにも、わたしたち自身のためにも、これ以上こんなことを続けるのは耐えられない、と結論を出しました。翌日も、ショーンは朝から大泣きです。わたしたちはとうとう、生後六週間のショーンを連れて別のお医者さんへ行きました。ドクター・カープはわたしたちにたくさんの質問をして、ショーンの大泣きが重大な病気のせいでないことを確かめると、『赤ちゃんが泣きやむ五つのスイッチ』を教えてくれました。

『赤ちゃんが泣きやむ五つのスイッチ』というのは、赤ちゃんの両腕をきっちりくるむ、小刻みに速く揺らす、大きな音で『シーッ』と声をかける、といった動作をきちんと正確におこなうことでした。ドクター・カープによると、こうすることによって赤ちゃんを子宮の中にいたときの環境に近づけてやるのだそうです。『赤ちゃんが泣くのは、まだ準備ができていないうちに生まれてしまったからです。ほんとうは、あと三ヵ月、子宮の中で守られていなければならなかったのですよ』と、ドクター・カープは教えてくれました。

正直言って、わたしは半信半疑でした。こんな簡単なことで泣きやむはずがない、と思いました。だって、これまでおくるみもやったし、揺らすのもやったし、『シーッ』もやったけど、どれも惨敗だったからです。でも、実際にドクター・カープが『五つのスイッチ』をやるところを見せてもらったら、これまでの自分のやり方が中途半端だったのだと気づきました。

　ドンとわたしは、この方法でやってみることにしました。そうしたら、信じられないことに、その日の午後を最後にショーンは大泣きしなくなったのです。『赤ちゃんが泣きやむ五つのスイッチ』で、ショーンの大泣きが治ったのです。それからは、始まるな、と思ったら、『五つのスイッチ』を実行するようにしました。すると、ものの数分で、ショーンの小さなからだがリラックスするようになりました。ショーンが何週間も求めていたやすらかな眠りを、わたしたちはようやく与えてあげられるようになったのでした」

　スーザンとドンの悩みを解決した「赤ちゃんが泣きやむ五つのスイッチ」は、一種のテクニックですから、コツをつかむまでに少し練習が必要です。でも、心配しないで。この本のアドバイスに従ってワン・ステップずつ練習していけば、五〜一〇回ぐらいでマスターできるはずです。

なかには、「五つのスイッチ」を使うことをためらうママやパパもいます。赤ちゃんを甘やかしたり悪い習慣をつけることになるのではないか、と心配するのです。ほんとうに、そうでしょうか？　生まれたばかりの赤ちゃんが「おくるみ」や「シーッ」のせいでわがままな子になって、四六時中「抱っこ、抱っこ」と親に要求する、なんてことがあるでしょうか？

答えは「ノー」です。生後三ヵ月までは、何時間おしゃぶりをくわえさせても、何時間抱いてやっても、甘やかしすぎる心配などありません。意外ですか？　でも、生まれる瞬間まで、おかあさんはおなかの中の赤ちゃんに、一日二四時間同じことをしてあげていたのでしょう？　赤ちゃんから見れば、たとえ一日一二時間抱っこしてもらったとしても、大幅なサービス・ダウンなのです。生後三〜四ヵ月になれば、赤ちゃんは声を出したり、動いたり、手をしゃぶったりして、自分ひとりでおとなしく過ごせるようになります。そのころには、「五つのスイッチ」の出番は目に見えて少なくなることでしょう。

赤ちゃんをさっと上手に泣きやませる方法があるとわかったら、子育てが楽しみになってきましたか？　わたしの目標は、世界じゅうで昔から使われてきた上手な子育てのコツをみなさんに伝授することです。

この本の第一部では、赤ちゃんが泣く理由、コリックの見分け方、コリックの本当の原因、などを明らかにしていきます。

第二部では、「赤ちゃんが泣きやむ五つのスイッチ」の正確なやり方や、「五つのスイッチ」を総動員したときのすごい効果などについて説明します。

赤ちゃんがなぜ泣くのかを理解し、赤ちゃんのニーズに応えてあげるための「五つのスイッチ」をマスターできれば、泣き叫ぶ赤ちゃんを抱えて右往左往する不毛な経験をしなくてすみます。本書で紹介する知識が広まって、コリックという言葉が辞書の中だけのものになればいい、と、心から願っています。

赤ちゃんの誕生は、人間として味わうことのできる最高の経験です。読者のみなさんは、すばらしい機会に恵まれたのですから、ぜひ楽しんで赤ちゃんを育てましょう！赤ちゃんが泣いても、おろおろする必要はありません。泣きむし赤ちゃんをにこにこ赤ちゃんに変えてしまう魔法をマスターして、子育ての腕を上げてください。

chapter 2

赤ちゃんが泣くのは自然なことです

分娩台で聞く赤ちゃんの泣き声は、元気に生まれたことを示すうれしい合図ですが、一週間が過ぎ二週間が過ぎても赤ちゃんが泣き叫んでいると、「もう聞きたくない！」という気持ちになるでしょう。でも、赤ちゃんにとって、泣くのはとても大切な能力なのです。

生まれて二～三ヵ月のあいだ、赤ちゃんは笑ったり話したりすることを知らなくても生きていくのに困りませんが、泣いて親を呼ぶことを知らなければ、たいへん危険なことになります。親の注意を引けるように、赤ちゃんは生まれた瞬間から泣く能力を身につけているのです。

大声で泣くのは人間の赤ちゃんだけです

わたしは、こんなふうに想像しています。石器時代、一人の赤ちゃんが偶然に、泣き叫ぶ能力を持って生まれました。泣き声を上げると、母親が自分のところへ来てくれました。しゃっくりが出たとか、何かにびっくりしたとか、他愛ない理由で泣いても、すぐに母親が飛んできました。

ほかの動物の赤ちゃんたちは、緊急に母親の注意を引かなくてはならない場面でも、絶対に大声で泣いたりしません。声を上げれば、おなかをすかせたライオンに居場所を教えることになり、命にかかわります。だから、子猫は小さく「ニャー」と鳴くだけ、リスザルは木から落ちても小さな声を発するだけです。ゴリラの赤ちゃんは、母親に来てほしいときでも小さな声さえ立てません。

一方、人間の赤ちゃんはそういう警戒心をはるか昔に捨ててしまって、母親に来てほしいときは遠慮なく泣き声を上げました。それでも命を失わずにすんだのは、親が危険な動物を撃退する能力を持っていたからでしょう。大きな声で泣く赤ちゃんのほうが食べ物や親の注意を多く獲得できたため、生きのびる確率が高く、世代を重ねるにつれて赤ちゃんはより大きな声で泣くようになったのだ、と考える科学者もいます。

現代人のママやパパも、赤ちゃんが金切り声を上げて泣くと、あわててベッドから起き出し、あるいはズボンを上げる暇もなくトイレから飛び出します。四キロそこそのチビのしわざとしては、なかなかのものですね！　けれども、赤ちゃんが泣くのは親の助けを求めているからだ、と考えるのは間違いです。生後二〜三ヵ月までの赤ちゃんが親の注意を引こうと考えることなど、ありえません。自分が何らかのメッセージを発しているという自覚さえ、まったくないのですから。

生後二週間のわが子が大きな声で泣いたとしても、それは、赤ちゃんからのコミュニケーションではありません。むしろ、赤ちゃんのひとりごとをあなたが偶然に聞いてしまった、と考えてください。赤ちゃんの泣き声は、「あー、おなかすいたなぁ」とか、「ううっ、寒い」とかグチっているようなものです。あなたは、たまたまそばに居合わせて泣き声を聞き、「どうしたの？　どこか、ぐあい悪いの？」と、やさしく声をかけてあげるわけです。

二〜三ヵ月たてば、赤ちゃんも、泣けばママが来てくれる、とわかるようになってきます。四ヵ月から六ヵ月になると、必要に応じて声を出したり、ぐずったり、大泣きしたりするようになるでしょう。でも、新生児の場合は、泣くたびに相手にしていたら悪い癖をつける、なんて心配する必要はありません。泣けばママが来てくれる、と知らせることのほうが大切です。いつでもママの愛情と助けをあてにしていいのよ、というメッセージこそ、おかあさんに対する信頼を育てるものです。

おっぱい？　おむつ？　どこか痛いの？

産院から赤ちゃんを連れて自宅へ戻った当初は、赤ちゃんが少しぐずれば何か問題があるのかと心配になり、大声で泣けば重大な事態が差し迫っているのかと右往左往してしまいます。親ならばだれでも、生まれたばかりの赤ちゃんの要求に応えてあげたいと思うでしょう。でも、赤ちゃんが泣いたとき、何がほしくて泣いているのか、ちゃんとわかりますか？　泣き声だけで、ごきげん斜めの理由がわかるものでしょうか？　生後一ヵ月の赤ちゃんは、眠いときとおなかがすいたときとでは違う泣き方をするものでしょうか？

よく注意して観察すれば泣き方から赤ちゃんの訴えを聞き分けることができます、なんて書いてある育児書もありますが、世界じゅうの優秀な研究者たちが四〇年来の研究から出した結論によれば、どうやらそうとも言い切れないようです。

一九九〇年に、コネチカット州立大学が、テープに録音した二人の赤ちゃんの泣き声をたくさんの母親たちに聞かせる実験をしました。片方はおなかをすかせた生後一ヵ月の赤ちゃんが泣き叫ぶ声、もう一方は包皮切除の手術を受けたばかりの新生児が泣き叫ぶ声です。母親たちには、赤ちゃんが泣いている理由が空腹なのか、痛みなのか、怒りなのか、驚きなのか、それともおむつがぬれているからなのか、推測してもらいました。「おなかがすいている泣き声」を正解した人は、たったの二五パーセントでした。包皮を切除されたばかりの赤ちゃんの泣き声を「痛くて泣いている」と正解した人は、四〇パーセントしかいませんでした。

もっと育児経験が豊富ならば正解率が高くなるはずだ、と思いますか？　そうでもないのです。フィンランドの研究者たちが産科のベテラン看護婦八〇人にテープ録音した赤ちゃんの泣き声――誕生直後の産声、おなかがすいたときの泣き声、どこかが痛いときの泣き声、喜んでのどを鳴らしているときの声――を聞いてもらったところ、赤ちゃんを扱うプロの看護婦でさえ、正しく聞き分けられる確率は五〇パーセント前後でした。これでは、あてずっぽうの正解とあまり変わりません。

生後三ヵ月くらいになると、赤ちゃんはいろいろな声を出すようになり、泣き声だけから何を求めているのか推測することが少しは可能になります。けれども、生後二～三ヵ月までの赤ちゃんは脳が未成熟で、「ぐずる」「泣く」「泣き叫ぶ」の三種類の泣き方しかできません。

三種類の泣き方が何を意味するかと聞かれたら、ほとんどのおかあさんは、「ぐずる」

のは少しおなかがすいたとか眠くなった程度の軽い不満、「泣く」のはすごくおなかがすいた、のどが渇いた、寒い、などの不快を訴えるとき、「泣き叫ぶ」のは痛み、恐怖、怒り、いらいら（泣いても親が来なかった場合）などを表している、と答えるでしょう。

比較的おとなしくて育てやすい赤ちゃんならば、右の推測でだいたい当たっています。原則的には、泣き方が激しいほど――そして、泣き叫ぶまでの時間が短いほど――赤ちゃんが苦痛を感じていたり親の対応を緊急に必要としている可能性が大きい、と考えてさしつかえありません。

泣き方だけでなく、ようすも観察すれば、判断はより正確になります。たとえば、口を開けて何かさがしているようならば、おなかがすいているのでしょう。あくびをしたり、目をこすったり、頭を左右に動かしたりするならば、疲れているのでしょう。目をそらそうとするならば、刺激が多すぎるのかもしれません。顔をゆがめ、力んでいるならば、おなかのトラブルが考えられます。

育てやすい赤ちゃんの場合、多少ごきげんが悪くなると、まず、ぐずりはじめます。この段階で誰かが対応すれば、あるいは苦痛がほんとうにひどくなければ、こういう赤ちゃんの泣き方がこれより激しくなることは、めったにありません。

でも、泣きむし赤ちゃんの場合は、泣き方だけでは要求の内容がなかなか判断できません。泣きむし赤ちゃんは、「ぐずり」→「泣き」→「大泣き」と泣き方をだんだん強くしていくことなどできないのです。とくに、疲れていたり強すぎる刺激を与えられたときは、そうです。「ぐずり」と「泣き」を省略して、いきなり「大泣き」から始まります。これでは、重大な問題が隠れているのかどうか、判断することはできません。泣きむし赤ちゃんは、自分の泣き叫ぶ声に自分でびっくりしてますます大泣きし、雪だるま式にどんどん泣き方がひどくなっていきます。最初はおなかにガスがたまって泣き出したのかもしれないし、大きな音にびっくりして泣き出したのかもしれませんが、大泣きしているうちに、そんなことは忘れてしまいます。

赤ちゃんって、どれくらい泣くの?

どんな赤ちゃんでも、一回に数分程度は泣きます。一日合計すると、三〇分くらいは泣きます。おとなしい赤ちゃんは、ミルクを飲ませたり、抱っこして少し歩いてあげれば、すぐに泣きやみます。けれども、泣きむし赤ちゃんは、いったん泣き叫びはじめると、短い合間をはさみながら、何時間でも大声で泣きつづけるのです。

一九八二年に、ベリー・ブレイズルトン博士がある調査をしました。正常で健康な乳児を持つ八二人の新米ママに、誕生直後から生後三ヵ月までのあいだ、赤ちゃんが毎日どのくらい泣くか記録してもらったのです。

その結果を示したのが、下のグラフです。統計処理の結果、生後二週間の時点では二五パーセントの赤ちゃんが毎日二時間以上泣くことがわかりました。生後六週間になると、二五パーセントの赤ちゃんが毎日三時間以上泣いていました。生後三ヵ月になると、ほとんどの赤ちゃんが泣きむしを卒業して、一日一時間以上泣く赤ちゃんはほとんどいませんでした。

赤ちゃんが泣いても、放っておけばいずれ寝入ることは、親ならだれでも知っています。

1日のうち泣いている時間

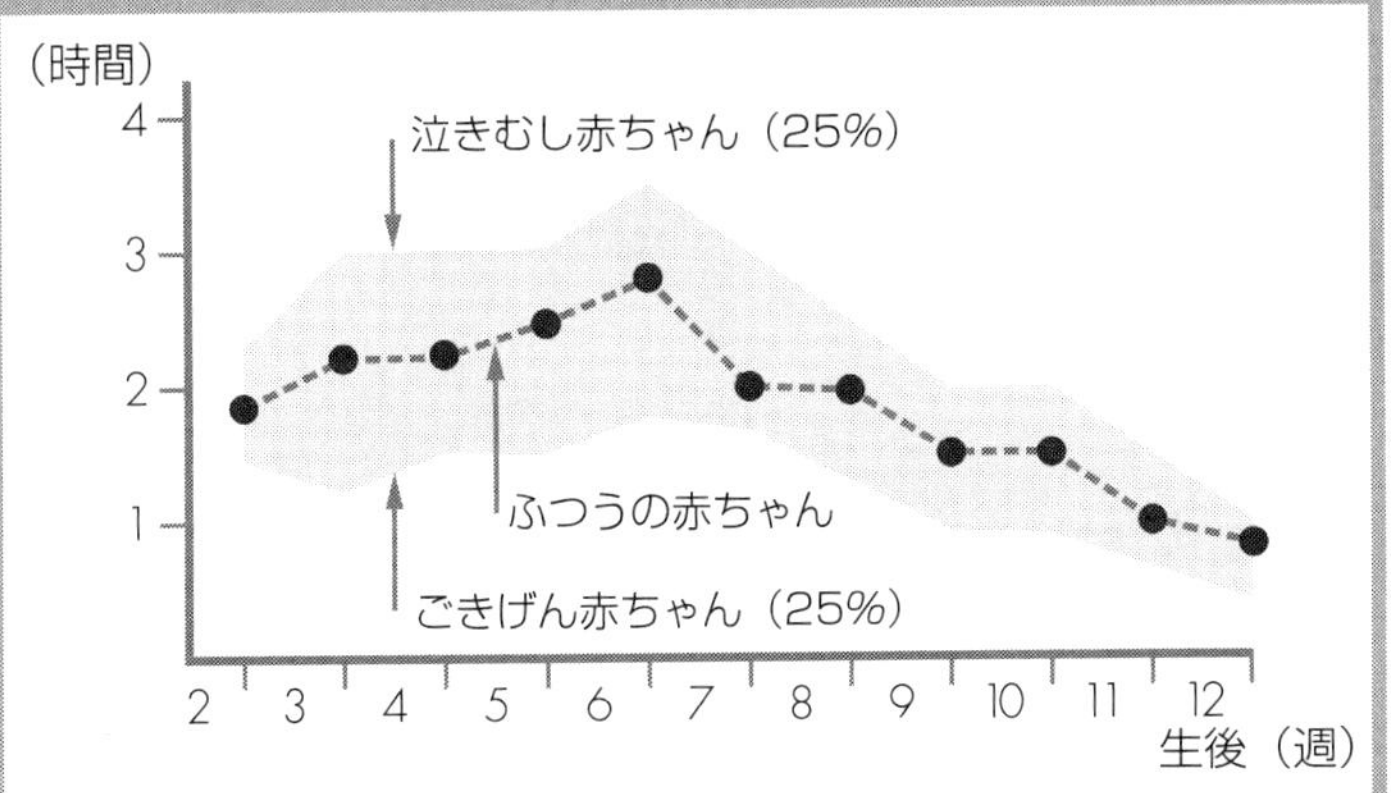

Modified from T. Berry Brazelton, Crying in infancy, *Pediatrics*

育児専門家の中にも、赤ちゃんの肺をきたえるため、あるいは一日の緊張をほぐすため、眠りに落ちる前に大泣きさせると良い、という人がいます。

わたしの考えは、まったく反対です。泣き叫ぶことが赤ちゃんにとって良いと考えるのは、生物学的にも、進化論的にも、理屈に合いません。第一に、おとなしい赤ちゃんの肺も、よく泣く赤ちゃんの肺も、健康さと強さにおいて何ら変わるところはないのです。第二に、原始時代に赤ちゃんが大声で泣き叫べば、生命の危険を招いたはずです。

たしかに、夜になると、赤ちゃんは一日の興奮で神経が高ぶっています。たしかに、どんなにあやしても泣きやまない赤ちゃんはいます。たしかに、泣きわめいている赤ちゃんも、最後には疲れて眠りに落ちていきます。でも、赤ちゃんは圧力鍋ではないのですから、寝る前の「ガス抜き」など必要ありません。赤ちゃんが泣き疲れるまで泣かせておくのは、自動車のクラクションが鳴りっぱなしなのに両耳をふさいでバッテリーが上がるのを待つようなものです。

思いっきり泣くとスッキリする、という意見もあるかもしれません。もちろん、それはそうです。でも、大人はせいぜい何分間か泣くだけですが、赤ちゃんの大泣きは何時間も続くのです。

赤ちゃんを疲れはてるまで泣かせておく親は、たいてい、自分自身が絶望し疲労困憊《こんぱい》しているのです。親の本能としてはとても耐えられないけれど、そうする以外にどうしようもないから、赤ちゃんを泣かせておくのです。泣かせておけば、赤ちゃんはいつか泣きやむでしょうか？　たしかに、泣きやみます。でも、ここで問題になるのは、赤ちゃんに矛盾したメッセージを伝えることになってもかまわないか、ということです。泣き叫ぶと親が来てくれることもあるけれど、来てくれないこともある――赤ちゃんがそう思うようになってもかまわないか、ということです。ほとんどの親は、「とんでもない」と答えるでしょう。

どんな育児専門家に聞いても、例外なく、親が首尾一貫した態度で赤ちゃんに接することが望ましい、と言うはずです。あなた自身、毎日のように赤ちゃんをあやしていて、ある日はうまく泣きやんでくれるけれど、別の日には何をやってもダメ、となれば、いらいらするでしょう？　赤ちゃんだって、午前中に泣いたときにはすぐにやさしく抱き上げられてあたたかいミルクを飲ませてもらえたのに、午後に泣いたときは無視されたとしたら、同じようにいらいらすると思いませんか？

それでは、大声で泣き叫ぶ赤ちゃんを放っておくのは、絶対にいけないのでしょうか？　わたしとしては、親がトイレにはいっているあいだ、あるいは夕ごはんを作っているときなどに一〇分やそこら泣かせておく程度なら、それほどかわいそうだとは思いません。一日じゅう赤ちゃんを愛しいつくしんで育てているならば、こんな短時間の欲求不満は、取るに足らないことです。

生まれて間もない赤ちゃんが泣くのと、幼児が泣くのとでは、話が違います。二歳の子どもがママのイヤリングを引っ張りたいとだだをこねて大泣きした場合は、泣いても放っておくことが大切です。この年齢になれば、親が「ダメ」と言ったら「ダメ」なのだ、ということを教える必要があります。子どもが大きくなってくれば、しつけは重要です。しつけが命にかかわる場合さえあります。でも、生後二ヵ月の赤ちゃんを相手にしつけをうんぬんするのは、気が早すぎるというものです。

最初の二～三ヵ月は、赤ちゃんが泣いたら、いつでもあやしてあげてください。赤ちゃんが泣くのは、何か不快な原因があるからです。何が原因かを一所懸命考えて、不快の原因を取り除いてあげるのは、親のつとめです。

コリックって、どんな泣き方？

コリックの原因を考える前に、まず、コリックとは何なのかをはっきりさせなくてはなりません。研究者たちが世界各国の赤ちゃんを調べた結果、コリックには一〇の特徴があることがわかりました。

1　コリックによる大泣きは、ふつう生後二週間ごろに始まり、生後六週間ごろが最もひどく、生後三～四ヵ月ごろには終わります。

2　早産でも、月満ちて生まれた赤ちゃんでも、コリックが起こる確率は同じです（未熟児の場合、本来の出産予定日から二週間が経過したころからコリックが始まります）。

3　コリックの赤ちゃんは、どこかが痛むみたいに顔をゆがめ、金切り声で泣き叫びます。泣き方には波があり、泣きやむときも突然です。

4　ミルクを飲んでいる最中、あるいは飲みおわった直後に、大声で泣き出す場合がよくあります。

5　からだを二つ折りにし、うめき声を上げ、力んで泣く場合が多く、おならやうんちが出ると少し楽になったように見えます。

6　夜になると悪化します（とくに真夜中）。

7　五人目の子でも、初めての子でも、コリックになる確率は同じです。

8　赤ちゃんを抱いたり、揺らしたり、「シーッ」と声をかけたり、おなかをさすったりすると、少しおちつきます。
9　泣いていないときは、健康でごきげんのいい赤ちゃんです。
10　世界には、コリックのない社会もたくさんあります。

これらの特徴から、コリックの原因として次の五つの説が有力視されるようになりました。でも、これらの通説には、いずれも矛盾点があります。

第一の通説　おなかの小さな不調――腸内ガス、便秘、腸のぜん動

コリックの原因は腸内ガスである、という説が広く信じられた時代もありましたが、研究の結果、泣きむし赤ちゃんも、おとなしい赤ちゃんも、腸内ガスの量に差はないことがわかりました。腸内ガスは、ほとんどが消化された食べ物から発生するもので、口から飲みこんだ空気が原因ではありません。

便秘がコリックの原因ではないか、と考えられたこともありましたが、便秘というのはうんちが硬くなることで、人工乳の赤ちゃんの一部に見られるだけです。ほとんどの赤ちゃんの場合、うんうんうなって身をよじっても、出てくるのはゆるいうんちか、液

状に近いうんちです。赤ちゃんがうんちをするときにうなったり顔をしかめたりするのは、あおむけに寝かされた姿勢でおなかに力を入れると同時に肛門の力を抜く、という難しいことに挑戦しているからであって、おなかが痛いからではありません。

ミルクを飲みはじめてすぐに、からだを二つ折りにして大泣きする赤ちゃんもいます。おなかの痛みを訴えているように見えるかもしれませんが、たいていは摂食腸管《せっしょくちょうかん》反射と呼ばれる正常な反射に過剰反応しているだけです。摂食腸管反射は、胃が腸に向かって、「いま、新しい食べ物がはいってきましたから、うんちを出して、腸をあけてくださ〜い！」と知らせる大切な反射です。ほとんどの赤ちゃんは、こうした反射による腸のぜん動を気にしませんが、敏感な赤ちゃんは、腸の動きを強く感じて、ひどく痛そうに身もだえするのです。

げっぷのコツ

赤ちゃんは、ミルクを飲むとき、同時に空気も飲みこんでしまいます。なるべく赤ちゃんに空気を飲みこませないコツ、上手にげっぷをさせるコツをお教えしましょう。

1　赤ちゃんを寝かせたままミルクを飲ませるのは、やめましょう（自分が寝たまま飲むとしたらどんなに難しいか、想像してみてください。空気を吸いこんでしまうでしょう?）。

2　ミルクを飲むときによく音をたてる赤ちゃんの場合は、飲ませながら、途中で何度もげっぷをさせましょう。

3　げっぷをさせる前に、赤ちゃんを右腕でたて抱きにし、左手であごをくるむように支え、何回か膝の上でピョンピョンさせます。こうすると、胃の中で空気の泡が上がってきて、げっぷが出やすくなります（これをやっても溢乳《いつにゅう》の心配はありません。ご安心を）。

4　げっぷをさせるときは、座って膝に赤ちゃんをのせ、片方の手で赤ちゃんのあごをくるむように支えます（わたしは、赤ちゃんを肩によりかからせる姿勢は取りません。溢乳が自分の背中を流れ落ちることになるからです）。それから、赤ちゃんのからだを少し前傾させ、背中をトントンと一〇～二〇回ほどたたいてあげます。赤ちゃんの胃は、コップにソーダ水を注いだときのように小さな空気の泡が胃壁にくっついているので、背中をトントンしてあげると、気泡が胃壁から離れるのです。

第二の通説　おなかの深刻な不調――消化不良、食物アレルギー、胃食道逆流

コリックの原因として、消化不良、食物アレルギー、胃食道逆流などを疑う説もあります。

母乳をあげているおかあさんはニンニクやタマネギやマメ類を控えたほうがいい、と

いうアドバイスもありますが、こうした食べ物を控えたところで、大泣きしていた赤ちゃんがおとなしくなるケースはごく少数しかありません。韓国でキムチを食べたおかあさんのおっぱいを飲んだ赤ちゃんが大泣きするかといえば、そんなことはないのです。

アレルギーは、異種タンパク（花粉やネコの抜け毛も異種タンパクです）が体内に侵入するのを防ごうとする免疫システムの働きです。乳児の場合、免疫システムと異種タンパクの戦いは腸で起こります。赤ちゃんの腸はまだ完全に発達していないため、腸壁からアレルギーの原因となる大きな分子が吸収され、血管にはいってしまうのです。でも、おかあさんが食べたものが赤ちゃんにどう影響するかなんて、あまり深刻に考えないでください。基本的には、母親の食べ物が原因で赤ちゃんがアレルギーを起こすことはめったにありません。ただし、重要な例外が二つあります。牛乳と大豆です。牛乳アレルギーの赤ちゃんの約一〇パーセントは、大豆アレルギーも持っています。

胃食道逆流は、赤ちゃんには珍しいことではありません。いわゆる「溢乳」です。赤ちゃんは胃の入口を締めておく筋肉が弱いので、げっぷをしたり力んだりすると、飲んだばかりのミルクが口から出てきてしまうのです。なかには大量のミルクを吐きもどす赤ちゃんもいますが、そのために深刻な問題が起こることは、ほとんどありません。

しかし、胃食道逆流が重症な赤ちゃんの場合は、大量に嘔吐し、体重が増加せず、痛みを伴います。また、逆流が食道の途中で止まっているために嘔吐はしないが胸焼けが起こる、という症例もあります。

胃食道逆流が疑われる場合は、①一日に五回以上嘔吐し、一回に嘔吐する量が三〇cc以上になるか、②昼夜にかかわらず、ミルクを飲むたびに泣くか、③げっぷや溢乳の直後に泣くことが多いか、④生後三ヵ月になっても大泣きが減らないか、⑤背中を反らせたり、声がかれたり、呼吸音がゼーゼーと聞こえたり、むせたり、苦しそうなしゃっくりが長く続いたりすることがあるか、などの点をチェックしてください。

食物アレルギーや胃食道逆流があると、たしかに赤ちゃんは泣き叫びます。でも、これらの「おなかの深刻な不調」でコリックのすべてを説明するのは、少し無理です。わたしの経験からすると、コリックの五〜一〇パーセントが牛乳や大豆の食物アレルギーによるものであり、一〜三パーセントが胃食道逆流によるものであると考えられます。でも、それ以外は、「おなかの深刻な不調」では説明できない大泣きです。

第三の通説　母親の不安

泣きむし赤ちゃんを持ったおかあさんは、自分の育て方が悪いのだろうか、自分の不安が影響して赤ちゃんが泣いているのだろうか、と考えてしまいます。

でも、安心してください。生後二ヵ月や三ヵ月の赤ちゃんにおかあさんの不安が伝染する、なんてことはありえません。げっぷでさえ自分ひとりでは満足にできない赤ちゃんに、おかあさんの悩みや不安を感じ取る能力など、あるはずないでしょう?

ただ、泣きむし赤ちゃんを抱えた母親の不安が間接的にコリックを助長しているケースは考えられます。

●不安のせいで母乳の出が悪くなり、赤ちゃんがおなかをすかせて泣く。

●おかあさんが精神的に参ってしまって、泣いている赤ちゃんに対応する余裕がない。

●おかあさんが不安のあまり赤ちゃんをこわごわ扱い、「赤ちゃんが泣きやむ五つのスイッチ」を必要な強さでおこなうことができない。

●おかあさんが不安にかられて次から次へといろいろやりすぎ、かえって赤ちゃんが混乱する。

とはいえ、この程度のことで赤ちゃんの大泣きが説明できるものではありません。実際には、おかあさんのストレスが赤ちゃんの心に悪影響を与えるのではなく、むしろ逆に、赤ちゃんの大泣きがおかあさんの神経を緊張させ不安にさせてしまうのです。

第四の通説　脳の未成熟

赤ちゃんの神経系についていろいろな事実がわかってくるにつれて、赤ちゃんの未成熟な脳があたらしい世界での経験を処理しきれず、刺激過剰な状態になった結果、コリックが起こるのだ、という説が出てきました。

目をさまして外の世界に関心を向けたり、関心を遮断して眠ったり、といった精神状態のコントロール機能が未成熟な赤ちゃんは、外界からの刺激をうまく遮断できず、過剰な刺激に神経が疲れて大泣きする、と考えるわけです。

精神状態のコントロールがうまくできない赤ちゃんは、静かで暗い部屋に寝かされたりすると、子宮の中で聞きなれていた音が聞こえないので、こんどは刺激が足りなくて大泣きしてしまいます。

「脳の未成熟」説は、おおまかに言えば、コリックの原因を言い当てています。ただ、百点満点の正解ではありません。あと少し、不十分なところがあるのです。

第五の通説　気質

赤ちゃんは、目をさましているあいだ、ちょっとした不快や不満を何度も感じます。おっとりした赤ちゃんはさほどぐずりもしないのですが、かんの強い赤ちゃんは激しく反応します。日常のささいな不快や不満という「火花」がかんの強い赤ちゃんの「ダイナマイト」に引火して、爆発を起こすのです。いったん泣き出してコントロール不能になってしまうと、こういう赤ちゃんは、不快や不満が解消されても大泣きを止めることができません。

気質は成長しても変わるものではありませんが、赤ちゃんはだんだんと自分をコントロールすることをおぼえて、周囲の世界にうまく対処できるようになっていきます。三ヵ月になると、にっこりする、声を出す、寝返りを打つ、ものを握る、嚙む、といった動作が見られるようになり、やがて、声を上げて笑ったり、ものを口に入れたり、はいはいできるようになります。

赤ちゃんの気質は誕生時から決まっていて一生続くものなので、生後二週間ごろから三ヵ月ごろまでに限定されたコリックの原因とするには、無理があります。

赤ちゃんが大泣きする原因が、腸内ガスでもなく、胃食道逆流でもなく、おかあさんの不安でもなく、脳の未成熟でもなく、持って生まれた気質でもないとしたら、コリックのほんとうの原因は何なのでしょう？　これから説明しますが、コリックの謎を完全に説明できる説はただ一つ、「三ヵ月早産説」しかありません。

コリックのほんとうの原因

これまで、さまざまな俗説がささやかれ、混乱が続いてきましたが、わたしはついにコリックの原因をつきとめたと確信しています。要するに、「生後数ヵ月のあいだ、泣きむし赤ちゃんが泣かずに過ごすには、子宮の中に似た環境が必要なのだ」ということです。

「どの赤ちゃんも三ヵ月早産の状態で生まれてくるとしたら、すべての赤ちゃんがコリックにならないのはなぜですか?」という質問が出るでしょうね。答えは単純です。多くの赤ちゃんはおだやかな気質とすぐれた自己鎮静能（気持ちをおちつける能力）を持っているので、早く生まれすぎても、なんとかやっていけるのです。こういう赤ちゃんたちは、刺激がちょっと多すぎたり少なすぎたりしても、自分で何とかごきげんを保つことができます。

ところが、泣きむし赤ちゃんは、気持ちを上手におちつけることができません。おとなしい赤ちゃんと同じことを経験しても、それをうまく処理できなくて、過剰反応してしまうのです。こういう赤ちゃんは、おかあさんのおなかの中にいたときの状態を再現してもらわないと、なかなか泣きやむことができません。

これまで見てきたように、専門家たちは、おなかのトラブルや不安感や未成熟さや気質がコリックの原因であると指摘してきました。けれども、こうした専門家たちは問題の一部分しか見ておらず、赤ちゃんは三ヵ月早産状態で生まれているのだ、という最も重要な点を見落としています。

「三ヵ月早産説」こそがコリックの原因であると証明するには、コリックの一〇の特徴すべてを説明できることを示さなくてはなりません。

特徴1　コリックによる大泣きは、ふつう生後二週間ごろに始まり、生後六週間ごろが最もひどく、生後三〜四ヵ月ごろには終わります。

生後二週間までの新生児には、覚醒状態と呼べるような時間がほとんどありません。したがって、刺激の過剰も不足も感じず、コリックもまだ始まらないわけです。

生後二週間を過ぎると、赤ちゃんは覚醒している時間がだんだん増えてきます。これによって刺激が増えても、ごきげんの安定した赤ちゃんは問題なく対応できます。しかし、かんの強い赤ちゃんや自己鎮静能の低い赤ちゃんは、刺激に対応しきれなくて大泣きするようになります。

生後六週間になると、泣きむし赤ちゃんたちは周囲の状況に敏感に反応し、たびたび刺激過剰な状態になります。でも、精神状態のコントロールがうまくできないので、泣き叫ぶようになります。こうなると、おかあさんのおなかの中にいたときの状態を上手に再現してあげる以外に、大泣きを止める方法はありません。

生後三〜四ヵ月になると、コリックはなくなります。赤ちゃんは、声を出したり、笑ったり、指をしゃぶったり、といった気持ちをおちつけるコツを身につけて、もう四六時中抱っこしたり揺らしたり「シーッ」と声をかけてもらわなくても周囲の世界に対応できるようになります。ようやく、生まれてくる準備ができるわけです！

特徴2　早産でも、月満ちて生まれた赤ちゃんでも、コリックが起こる確率は同じです（未熟児の場合、本来の出産予定日から二週間が経過したころからコリックが始まります）。

未熟児は、ＩＣＵの喧騒の中でもよく眠ります。脳が未成熟なため、眠ることはできるけれども、起きていることは難しいのです。目のさめている時間がほとんどないので、未熟児は自分がまだおかあさんのおなかの中にいるものと思い込んでいます。出産予定日が来て覚醒時間が増えたとき、ようやく、この赤ちゃんたちは、自分が三ヵ月ほど早めにおかあさんのおなかから出されてしまった事実に気づきはじめるのです。

特徴3　コリックの赤ちゃんは、どこかが痛むみたいに顔をゆがめ、金切り声で泣き叫びます。泣き方には波があり、泣きやむときも突然です。

コリックの赤ちゃんが泣く声は、どこかが痛くて泣いているときとそっくり同じに聞こえるかもしれません。でも、ささいなこと（大きな音やげっぷなど）に過剰反応してものすごい声で泣き叫ぶ赤ちゃんも少なくないのです。

車でドライブしたりおっぱいを飲ませたりすると、泣き叫んでいた赤ちゃんがおとなしくなったりします。これは、痛くて泣いているのではない、という証拠です。大泣きの原因は、おかあさんのおなかから早く出されてしまったことなのです。

特徴4　ミルクを飲んでいる最中、あるいは飲みおわった直後に、大声で泣き出す場合がよくあります。

授乳の最中や直後に赤ちゃんが泣くのは、おなかに食べ物がはいってきたときに腸がぜん動を起こす摂食腸管反射に過剰反応してしまう場合が多いようです。ほとんどの赤ちゃんは、ぜん動が起こっても平気なのですが、長い一日の疲れからいらいらしているコリックの赤ちゃんは、この不快感がダメ押しになって大泣きに突入してしまうのです。

特徴5　からだを二つ折りにし、うめき声を上げ、力んで泣く場合が多く、おならやうんちが出ると少し楽になったように見えます。

どんな赤ちゃんも、腸内ガスはたまります。ただ、敏感な赤ちゃんやかんの強い赤ちゃんの場合には、この不快感が大泣きの引き金になってしまうのです。でも、こういう赤ちゃんたちも、おかあさんのおなかの中にいたときと同じリズムを感じると、安心して泣きやみます。

特徴6　夜になると悪化します（とくに真夜中）。

ジェットコースターに乗っているような一日が終わるころ、赤ちゃんの神経はよれよれに疲れています。感じやすい赤ちゃんの神経は、夕方には爆発寸前なのです。

特徴7　五人目の子でも、初めての子でも、コリックになる確率は同じです。

子どもは、一人ひとり、両親から新しい組み合わせの遺伝子をもらって生まれてきます。だから、上の四人がおとなしくてごきげんのいい赤ちゃんなのに、五番目だけが敏感だったり精神状態のコントロールが下手だったりして一日じゅう抱いて揺らしていないと泣いて泣いてどうしようもない、というようなことになるわけです。

こういうコリックの赤ちゃんたちは、もう少し成熟して自分で泣きやむようになるまで、おかあさんのおなかの中と同じ安心できる環境が必要なのです。

特徴8　赤ちゃんを抱いたり、揺らしたり、「シーッ」と声をかけたり、おなかをやさしくさすったりすると、少しおちつきます。

「三ヵ月早産説」を裏付ける強力な根拠です。なぜなら、抱くのも、揺らすのも、「シーッ」と声をかけるのも、子宮にいたときの状態を再現する働きかけであり、生後三ヵ月を過ぎると、そういうことが必要なくなるからです。

特徴9　泣いていないときは、健康でごきげんのいい赤ちゃんです。

赤ちゃんがコリックになる原因が早く生まれすぎたこと以外にないとしたら、何かのきっかけで泣き出すまでは健康でごきげんなのは当然です。

特徴10　世界には、コリックのない社会もたくさんあります。

人類学者たちがバリやボツワナやヒマラヤ山麓などの「コリックがない」社会を研究してみたところ、これらの社会では、赤ちゃんを一日ほぼ二四時間抱いて育て、たびたびおっぱいを飲ませ、しょっちゅう揺らしてあげることがわかりました。つまり、生後数ヵ月にわたって、赤ちゃんは常に子宮の中にいるような状態で育てられているのです。

コリックの一〇の特徴をすべて説明できるのは、「三ヵ月早産説」だけです。でも、赤ちゃんをおくるみにくるんで、揺らして、子宮の中の環境を再現するだけでコリックが収まるならば、なぜ、うまくいかないケースがこんなに多いのでしょうか？　理由は簡単――やり方をきちんと知らない親が多いからです。でも、だいじょうぶ。いまからでも、練習すれば間に合います。

chapter 3

ママのおなかが恋しいの

きのう、あなたの人生が変わりました。すばらしい男の子が生まれたのです。看護婦さんがベビーベッドを押して、あなたの部屋へはいってきました。赤ちゃんは小さな頭を持ち上げ、ゆっくりとあなたのほうを向いて、にっこり笑います！　そして、あなたの腕の中へ飛びこんできて、心がとろけそうな笑い声を上げ、「ママ、だいちゅき！」と言うのです。

もちろん、生まれたばかりの赤ちゃんが歩いたりしゃべったりするなんて思っている人はいませんね。でも、いまの時代、新生児がどれほど手がかかり、どれほど弱々しいものか、知らないまま親になってしまう人が多いのです。そういうママやパパたちは、赤ちゃんが一人前で生まれてくると思っています。たとえば、馬の赤ちゃんみたいに。馬の赤ちゃんは、生まれて数分後には立ち上がり、歩き、走ることさえできます。馬の赤ちゃんの場合、おなかをすかせた猛獣から逃げられるかどうかにサバイバルがかかっているのです。それに比べて、人間の赤ちゃんは、生まれた時点ではまだ未熟で胎児のような状態です。

新生児と四ヵ月児は別の生き物

母親・父親学級に出席している将来のママやパパに対して、わたしはよくこんな質問をします。「生後四日の赤ちゃんと生後四ヵ月の赤ちゃんでは、どんなところが違うと思いますか?」育児の経験がない人たちは、たいてい、生後四ヵ月の赤ちゃんは新生児よりからだが大きくて意識がはっきりしているだけで、あとはだいたい同じだと思う、と答えます。

でも、実際には、生後四日と生後四ヵ月のあいだには、ものすごく大きな違いがあるのです。たしかに、新生児も驚くべき能力を持っていますが、周囲の世界と交流する能力は非常に限られています。生後四日の赤ちゃんは、声を出すこともできないし、しゃべっている人のほうへ顔を向けることもできません。四ヵ月の赤ちゃんは、なんともかわいらしい笑顔を見せ、目を輝かせて、大人の心をとろけさせます。

生後４日の赤ちゃん	生後４ヵ月の赤ちゃん
感覚・知覚能力	
■20〜30センチ離れたところの物体にしか焦点が合わない。 ■白と黒のコントラストやデザインを見ることを好む。	■大きな物体なら、部屋の反対側にあっても焦点を合わせることができる。 ■音のする方向へ顔を向けることができる。
社会的能力	
■音楽や雑音よりも人間の声により興味を示す。子宮内でぼんやり聞こえていた母親の声を認識することができる。 ■物体よりも人間の顔を見ることを好む。母親が口を開けたり舌を出したりすると真似ができる赤ちゃんもいる。	■親が話しおわるまでじっと待ってから、声を出したり、笑ったりして会話する。 ■両親の顔に愛着を示し、両親が部屋にはいってくると明らかにうれしそうな表情を見せる。笑顔や声を出して親の笑顔を求め、無視されると怒る場合もある。
運動能力	
■内斜視を起こしやすい。ゆっくり動く物体しか目で追うことができず、目の動きがぎくしゃくしている。 ■自分の指を口へ持っていくことが難しく、指を口に30秒以上入れておくことは非常に難しい。	■内斜視はなくなる。部屋の中を動きまわる物体をすばやくスムーズに目で追うことができる。 ■手を伸ばして物体に触ることが上手になる。指を口へ持っていくことも上手になり、何分もその状態を続けられる。
生理的特徴	
■手足が紫色になることが多い。 ■しゃっくりしたり、びくついたり、呼吸が不規則になったりすることが時々ある。 ■からだの動きをコントロールする能力がほとんどない。	■寒いとき以外、手足は紫色にならない。 ■しゃっくりはほとんどなくなり、びくつくこともなく、呼吸も規則的になる。 ■からだの動きを上手にコントロールできるようになる。寝返りをしたり、その場で回転したり、頭を持ち上げたりすることができる。

先にも書いたように、仔馬のサバイバルは筋力にかかっています。だから、おかあさんの子宮の中でできるだけからだを大きく発達させてから生まれてきます。一方、人間の子どものサバイバルは脳にかかっていますから、産道でつかえない範囲でできるだけ頭を大きく発達させて生まれてきます。しかも、驚くべきことに、生後三ヵ月のあいだに赤ちゃんの脳はさらに二割も大きくなり、それにつれて脳のスピードも複雑さも爆発的に進歩します。生後四ヵ月を迎えるころの赤ちゃんが突然「目ざめた」ように変わるのには、ちゃんと理由があるのです。

わたしたちの祖先も、誕生直後の赤ちゃんがどれほど未熟か、よくわかっていたようです。だから、生まれたばかりの赤ちゃんを上手に育てるには誕生以前の環境（おかあさんのおなかの中）に近づけてあげることがいちばんだ、という知恵が昔から脈々と受けつがれてきたのです。

昔ながらの知恵を見直すときです

映画『スター・ウォーズ』の中で、ルーク・スカイウォーカーが長いあいだ忘れられていたこころの力「フォース」を使って勝利をおさめたことをおぼえていますか？　わたしたちの社会も、ここ五〇年ほどは、昔の知恵へ回帰することによって進歩してきました。からだを動かす、環境を大切にする、農薬をなるべく使わずに育てた作物を食べる、といったことです。テクノロジーはありがたいものですが、わたしたちはいま、自然と調和しながら生きていくことの価値を見直しはじめています。考えてみれば、あたりまえのことですけれどね！

自分たちをよりよく理解するために過去を検証することの意味も、ここにあります。わたしたちは着ている服も好む音楽も現代的ですが、人間の生理は大昔から変わっていません。赤ちゃんは、とくにそうです。

太古の知恵

アフリカのカラハリ砂漠に住むクン・サン族は、はるか昔から砂漠の奥地で文明とは隔絶した暮らしをしてきました。しかし、四〇年ほど前から、彼らは研究者を村に受けいれ、子育てを含めて生活全般を観察させてくれるようになりました。

わたしは、彼らの育児に関する報告書を非常に興味深く読みました。というのも、クン族の赤ちゃんたちはほとんど泣かないことで有名だからです。もちろん、まったく泣かないわけではありませんが、大泣きすることがないのです。クン族の赤ちゃんも他の赤ちゃんと同じように不快に感じることはたくさんあるのですが、親がとても上手にあやすので、大きな声で泣いている時間は平均して一回わずか一六秒で、九〇パーセント以上の赤ちゃんが一分以内に泣きやむのです。

どんな秘密があるのでしょう？　わたしたちの文明が忘れてしまった太古の知恵を、クン族は知っているのでしょうか？　わたしは、三つの点に注目しました。

- ●クン族の母親は、ほとんど一日二四時間、赤ちゃんを抱いています。
- ●クン族の母親は、一日じゅういつでも赤ちゃんに母乳を与えます。
- ●クン族の親は、赤ちゃんが泣くと、通常一〇秒以内で対応します。

クン族の母親は、革の子守帯を使って赤ちゃんを一日じゅう連れ歩きます。寝るときも、添い寝をします。いつも近くにいるので、赤ちゃんが泣いたらすぐにあやしてやることができます。

抱っこと添い寝に加えて、クン族の母親は、赤ちゃんが泣くとすぐにおっぱいを含ませてやります。その回数は、一日一〇〇回にもなります！　わたしたち西欧世界の人間は、のべつおっぱいを飲ませたら甘やかしすぎになるのではないかと心配しますが、そうではないようです。泣くと即座にたっぷりあやしてもらうクン族の赤ちゃんは、きげんが良く独立心の旺盛な子どもに育っていきます。

心配しないでください。わたしは、なにも、クン族の子育てをそっくり真似しましょう、などと言うつもりはありません。わたしたちの忙しい生活では、とても無理です。ただ、クン族の上手な子育てから学べる知恵があるのではないか、と言いたいのです。

クン族の子育ての秘訣は、赤ちゃんをあやす方法のすべてが子宮内の環境を再現する工夫につながっている、ということです。わたしたちの赤ちゃんに比べると、クン族の赤ちゃんは物質的には恵まれていないかもしれません。でも、おかあさんの腕に長いあいだ抱かれていられるという点においては、わたしたちの赤ちゃんのほうが恵まれていないようです。クン族の母親はほとんど常に赤ちゃんのそばにいますが、アメリカの赤ちゃんは一日最大一六時間もひとりきりで放っておかれるのです。居心地のよい子宮の中から誰もいない部屋に移されることは、多くの新生児にとって、とんでもなく不快なことに違いありません。

生後二〜三ヵ月のあいだは、何千年も昔から先輩ママたちがやってきたように、子宮のリズムで赤ちゃんを扱ってあげることが大切です。人間の赤ちゃんを馬の赤ちゃんと同じように考えてはいけません。むしろ、カンガルーの赤ちゃんと同じようなものだと考えるべきでしょう。カンガルーのおかあさんは、赤ちゃんがピョンピョン跳べるようになるまで手厚い世話が必要なことを知っているので、生まれた赤ちゃんをすぐにポケットに入れてあげます。わたしたち人間も、生まれたばかりの赤ちゃんを抱っこし、揺らし、「シーッ」と声をかけてやり、あたたかくしてあげることが大切です。実際にやってみると、その効果に目をみはると思いますよ。

母乳のよさも見直されています

赤ちゃんを泣きやませるには、おなかの中にいたときの環境を再現してあげるといい――これは、昔からの知恵です。わたしたちの社会が無視してきた伝統の知恵は、これだけではありません。過去五〇年にわたる研究によって、ほとんど忘れられていた母乳のよさも再認識されるようになりました。

赤ちゃんを産むと、一日か二日で母乳が出るようになります。まるで魔法のように。おいしくて栄養満点で消化しやすい母乳は、赤ちゃんから見れば、二四時間いつでも栄養を補給してもらえる手段です。おなかの中にいたときと同じですね。

一九〇〇年代初め、それまで何世紀にもわたって完ぺきな栄養源であった母乳が、突然世界の多くの地域で見向きもされなくなりました。「母乳と同じ栄養があって母乳よりも衛生的」というふれこみで人工の粉ミルクが大量生産され、母乳は隅へ押しやられてしまったのです。多くの女性たちが母なる自然よりも科学者の頭脳を信用して、赤ちゃんに粉ミルクを飲ませました。化学製品のほうが自分たちの乳房で作られる昔ながらの自然食品よりも上等だという誤った考えを信じたのです。

母親たちは母乳の分泌を止める薬を医者に処方してもらい、市販の粉ミルクでどのブランドがよいかと医者にたずねました。一九五〇年代には、アメリカでは母乳による育児はほとんど見られなくなり、あえて母乳で赤ちゃんを育てようとする女性は急進的思想の持ち主か変人と見られました。

赤ちゃんを母乳で育てたいと思っても、失敗するのがオチでした。自分でやった経験がないうえに、専門的な指導を受けられる機会もほとんどなかったからです。信じられないかもしれませんが、アメリカ社会は、数百万年にわたって人類を支えてきた基本的能力をわずか二世代で失おうとしていたのです。さいわい、このような事態に強い危機感を抱く人々がいて、彼らの努力のおかげで母乳育児をサポートする団体が作られ、専門家が訓練されて、若いおかあさんたちに母乳育児のすばらしさを再発見してもらう活動をしています。

最近では、母乳育児に対する世間の関心も劇的に回復しました。多くの研究によって粉ミルクの欠点や母乳の長所がつぎつぎに明らかにされたことも、この動きに拍車をかけました。科学的研究によれば、母乳は赤ちゃんの脳の発育を助け、免疫力を高め、糖尿病を予防し、おかあさんの乳がんや卵巣がんの発症率を下げる効果があるそうです。今日では、赤ちゃんに与える栄養として母乳が圧倒的に支持されているので、粉ミルクのメーカーでさえ、「粉ミルクを使うのは母乳を飲ませられない場合だけに限るべきです」とアドバイスしています。

母乳を飲むことができない赤ちゃんのためには、すばらしい粉ミルクがあることを感謝したいと思います。ただ、赤ちゃんには母乳が最高の栄養源であることは、すべての医療関係団体が認めるところです。

part 2

赤ちゃんは、どうすれば泣きやむの?

chapter 4

魔法のカギは子宮のリズム

泣きむし赤ちゃんに苦労したことのある人なら、一度や二度は、「赤ちゃんに〝大泣きストップボタン〟が付いていたらどんなにいいかしら」と思ったことがあるでしょう。いいえ、笑わないでください。そんなに突拍子もない考えではないですよ。赤ちゃんの泣き声は自動車の盗難防止アラームに負けないくらいうるさいのですから、警報を「オフ」にするスイッチが付いていたっていいと思いませんか？

あるのです、このスイッチが。わたしは、これを「鎮静反射」と呼んでいます。反射とは、何かが目にはいる前にまぶたを閉じるとか、ころびそうになったときに両手が出るなど、からだが無意識に反応する働きのことです。すべての反射には、次のような特徴があります。

●必ず起こる——お医者さんが膝蓋腱反射を見るために膝をたたくと、毎回必ず足がぴょんと上がります。五〇〇回やっても、必ず同じことが起こります。

●無意識に起こる——本人が眠っているあいだでも、反射は起こります。

●正確な刺激によってのみ起こる——膝をたたく力が弱すぎても、場所が二～三センチずれても、膝蓋腱反射は起こりません。

赤ちゃんにおっぱいの飲み方やうんちの出し方を教えるなんて、想像できますか？さいわい、新生児の小さな脳の中にはおっぱいの飲み方やうんちの出し方を含めて七〇以上もの反射が備わっているので、わたしたちが教える必要はありません。

こうした反射の大多数は、泣く、ほおやくちびるに触れたものに吸いつく（吸啜《きゅうせつ》反射）、くしゃみをするなど、赤ちゃんが誕生直後の数ヵ月を生きるために必要な能力です。残りは、原始歩行反射やモロー反射（驚いたときに何かにつかまろうとする反射）のような、いわば「なごり」の反射です。

ところで、新生児に備わっている反射がもう一つあります。わたしの診察室にやってくるママやパパは、この反射がいちばんありがたい、なんて言います。そう、鎮静反射のことです。

赤ちゃんが泣きやむ刺激

村や町に住むようになった人間は、赤ちゃんが太古の昔から母親に連れられて野山を移動しながら常に小刻みに揺られていたことを忘れてしまったようです。この心地よい揺れを奪われた赤ちゃんたちは、かわいそうに、ちょっと何かあるたびに、びくついたり泣いたりするようになりました。そんなふうに赤ちゃんが泣く理由を、現代のママやパパたちは誤解して、「赤ちゃんはとても弱いので静かな音ややさしい動きにしか耐えられないのだ」と考えるようになりました。そして、赤ちゃんをこわごわ扱うようになり、鎮静反射をうまく起こさせるのに必要な自信を失ってしまいました。鎮静反射は、とくに赤ちゃんが大泣きしているときは、こわごわではなく、赤ちゃんにわかる強さで働きかけないと起こらないのです。

鎮静反射を起こさせる決め手は、赤ちゃんがおなかの中で九ヵ月なじんできた刺激です。子宮のリズムは、赤ちゃんだけでなく、大人にとっても心がおちつくものです。波の音を聞いたり、ハンモックに揺られたりすると、大人でも心地よく感じますが、赤ちゃんにとっては、こうした感覚は「心地よい」というより、むしろ、「なくてはならない」のです。とくに、泣きむし赤ちゃんの場合は。

ミルクを飲ませても、げっぷをさせても、おむつを替えてあげても、あいかわらず赤ちゃんが声の嗄《か》れるほど泣き叫んでいるときには、次のような「古くて新しい」方法を試してみてください。

- 抱っこする
- ダンスする
- 揺らす
- 布でくるむ
- 「シーッ」という音、または歌を聞かせる
- 車に乗せてドライブする
- 外を散歩する
- ミルクを飲ませる
- おしゃぶりをしゃぶらせる

これ以外にも、昔から育児のベテランが使ってきた方法はたくさんあります。これら

をおおまかにまとめると、五種類になります。「おくるみ」、「横向き／うつぶせ」、「シーッ」、「ゆらゆら」、「おしゃぶり」です。わたしはこれを「赤ちゃんが泣きやむ五つのスイッチ」と呼んでいます。これは鎮静反射を起こさせる子宮内の環境を再現しようとする働きかけです。ただし、すべての反射について言えることですが、これらのテクニックは正しく実行しないと効き目がありません。

五つのスイッチ

一九〇〇年代初め、専門医たちは、赤ちゃんの大泣きについて、「ミルクを飲ませ、げっぷをさせ、おむつを替え、安全ピンがささっていないかチェックしなさい」とアドバイスしていました。それでも赤ちゃんが泣きやまないと、「これはコリックです。親としてできることは何もありません」と言われたものです。今日でも、ほとんどのお医者さんが同じようなことを言うはずです。

でも、泣き叫ぶ子を持つ親にとってみれば、「待つ以外に方法はありません」と言われても困ります。赤ちゃんが泣いたら何とかしてあげたいと思うのは、親の自然な情です。ただ、赤ちゃんを泣きやませるのは一種のテクニックであり、自然の情だけでは解決できないところが難しいのです。ありがたいことに、このテクニックは比較的容易にマスターできます。そう、「赤ちゃんが泣きやむ五つのスイッチ」です。

第一のスイッチ――「おくるみ」

赤ちゃんの両腕をきっちりくるんであげるのが、まず最初のステップです。トルコのおかあさんも、アメリカ先住民のおかあさんも、伝統的な社会では赤ちゃんをおくるみにくるんで育てます。

おくるみにくるまれると、赤ちゃんは狭い子宮の中にぴったり収まって全身が何かにくるまれていた感覚を思い出して安心します。「おくるみ」は、実際に鎮静反射を起こすスイッチではありませんが、赤ちゃんが手足をばたつかせるのを防ぎ、残りの四つのスイッチが効果的に作用できる環境を整えます。

ごきげんの悪い赤ちゃんは、くるまれるのをいやがります。けれども、ここで、「この子は両手を自由にさせてもらいたいのね」などと誤解してはいけません。真実は、逆です。泣きむし赤ちゃんには、自分の腕がばたつくのをコントロールする能力がありません。だから、両腕を自由にしたらますます大騒ぎして、大泣きしてしまいます。

第二のスイッチ──「横向き／うつぶせ」

「横向き／うつぶせ」の姿勢は、赤ちゃんを安心させる働きがあります。ヒトの祖先にとって、母親の胸から落ちることは命にかかわる脅威だったので、赤ちゃんには特別な警戒システム（モロー反射）が備わり、落ちると感じた瞬間に反応するようになっています。ほとんどの赤ちゃんは、ごきげんのいいときは、あおむけに寝かされてもぐずりません。でも、泣いているときあおむけに寝かされると、赤ちゃんは落下の錯覚を感じてモロー反射を起こし、バタバタ騒いで泣き叫ぶのです。

横向きかうつぶせに寝かせるとモロー反射が遮断されるので、泣き叫んでいる赤ちゃんは少しおちつきます。泣きむし赤ちゃんは、この姿勢を心地よく感じます。ただし、眠るときは、どんな赤ちゃんについても、あおむけが最も安全な姿勢です。お医者さんから指示されたのでないかぎり、赤ちゃんをうつぶせに寝かせるべきではありません。

第三のスイッチ──「シーッ」

信じられないかもしれませんが、耳ざわりな「シーッ」という音は、赤ちゃんには心地よく聞こえます。「シーッ」という音はおかあさんの血流の音に似ていて、子宮の中にいた九ヵ月間、赤ちゃんはいつもこの音を聞いていたからです。

新米ママ・パパの中には、赤ちゃんが小川のせせらぎや遠い風音のようなやさしい音を好むと誤解している人がたくさんいます。赤ちゃんが騒々しい音を好むなんて、ふつうの感覚からは信じがたい感じがするようです。たしかに、大人は騒々しい音を好みません。でも、赤ちゃんは、そういう音が好きなのです！　だから、赤ちゃんを泣きやませるために大きな音の出る家電製品を利用するとよろしい、などと育児書に書いてあるわけです。

わたしが知るかぎり、ごきげんの悪い赤ちゃんが家電製品の騒音を聞かされて刺激過剰になったケースはありません。むしろ反対に、赤ちゃんの泣き声が大きければ大きいほど、泣きやませるためには「シーッ」という声も大きくしなければなりません。

第四のスイッチ――「ゆらゆら」

安定したベッドに身を横たえるのは、大人にとっては至福ですが、生まれたばかりの赤ちゃんにとっては空間の感覚が狂って不自然な感じがするようです。新生児は、九ヵ月を海で過ごしたあと陸《おか》に上がった船乗りと同じで、急に揺れのない環境に置かれると調子が狂ってしまうのです。だから、単調なリズムで軽く揺らしてあげる動きが、赤ちゃんをあやす方法として昔から広く使われてきたわけです。赤ちゃんが泣き叫んでいるときは小刻みに速く揺らしてやり、大泣きがおさまってきたら、だんだんとやさしい揺らし方にしてあげるといいでしょう。

第五のスイッチ——「おしゃぶり」

「おくるみ」と「横向き／うつぶせ」と「シーッ」と「ゆらゆら」で赤ちゃんの大泣きが少しおさまってきたら、最後の仕上げは「おしゃぶり」です。泣きがおさまってきた赤ちゃんは、何かをしゃぶることによって、一層おちついた状態にはいっていけるのです。

もちろん、口にものがはいっていたら泣き叫ぶことは難しいわけですが、赤ちゃんがおちつくのはそういう理由ではありません。ものをしゃぶる動作は赤ちゃんの神経の深い部分に影響を及ぼし、鎮静反射を促して、脳内に天然の化学物質を分泌させるので、赤ちゃんがリラックスするのです。

哺乳びんやおしゃぶりも結構ですが、やはり何といっても、赤ちゃんが世界でいちばん好きなおしゃぶりは、おかあさんの乳首です。

まとめてみましょう。最初の二つのスイッチ——「おくるみ」と「横向き／うつぶせ」

――は、泣いている赤ちゃんが手足をばたつかせるのを防ぎ、モロー反射を遮断して、大人からの働きかけに注意を向けさせる効果があります。これによって、鎮静反射を起こす準備ができます。三番目と四番目のスイッチ――「シーッ」と「ゆらゆら」――は、鎮静反射を喚起して大泣きの悪循環を断ち切り、赤ちゃんの神経をおちつかせます。最後のスイッチ――「おしゃぶり」――は、鎮静反射を持続させ、赤ちゃんが深いリラックス状態へはいっていくのを助けます。

「五つのスイッチ」はすばらしいテクニックですが、テクニックというものは練習を重ねることによってマスターできるものです。練習を重ねるにつれて、赤ちゃんのほうも「あやされ上手」になります。「おくるみ」を使いはじめて数週間たつと、おくるみの布を広げて上に寝かせただけで、赤ちゃんが両腕を伸ばしておとなしくなるのに気づくママやパパが少なくないはずです。まるで、赤ちゃんが、「あ、これね！　知ってる！　これ、好きなんだ！」と言っているみたいです。

ここまで読んだあなたは、「べつに新しいことじゃないわ。ずっと昔から知られてたテクニックでしょ」と思うかもしれません。半分は、そのとおりです。方法自体は、新しいものではありません。でも、この昔ながらのテクニックをほんとうに効果的に使うためには、適切な強さでやること、五つを組み合わせてやること、が必要です。これは、いままでどんな育児書も教えてくれなかったことです。「五つのスイッチ」を組み合わせるコツについてはあとで説明しますが、ここではまず、いちばん誤解されているけれどいちばん大切な要素、すなわち「適切な強さ」について説明しましょう。

赤ちゃんの泣き方に応じた強さで働きかけましょう

わたしたちが赤ちゃんの扱い方として心得ていることの多くは、赤ちゃんの弱々しさに関する誤解にもとづいています。もちろん、赤ちゃんは多くの面でとても弱いものです。すぐにむせるし、免疫力も弱いし。だから、「泣き方に応じた強さで」と言われると、常識に逆行するような感じがするかもしれません。でも、赤ちゃんにわかる強さで働きかけるのが正しいやり方です。

新生児は原始時代の赤ちゃんと同じように強い面もたくさん持っていることを思い出してください。騒々しいパーティー会場でも眠れるし、大人にはとても真似できないほど長いあいだ声を限りに叫び続けることもできます。看護婦さんが赤ちゃんを入浴させたりげっぷさせたりするときにあまり力加減しないのを見てびっくりするママやパパは少なくないでしょう。おっぱいの飲ませ方だって、最初に教えてもらうときは、ずいぶん強く押しつけるんだな、と感じるでしょう。でも、経験をつんだおかあさんなら、赤ちゃんに乳首を含ませるとき下手に遠慮がちにやったりすると乳首が痛くなるし赤ちゃんも吸いにくくていやがる、ということを知っています。

子育ての経験が豊富な人は、赤ちゃんが大泣きしているときほどおくるみはきっちりくるむべきだし、「シーッ」の声は大きくするべきだし、揺らし方は速く小刻みにするべきだ、と知っています。そうしなければ、ぜんぜん効かないからです。赤ちゃんの大泣きを止めるのにいちばん手っとり早い方法は、大泣きのレベルに合わせて働きかけることです。泣き叫んでいる赤ちゃんが少しおちついてきたら、揺らし方を少しずつやさしくし、「シーッ」の声をだんだん小さくしていけばいいのです。

「赤ちゃんが泣きやむ五つのスイッチ」は、即座に効果を発揮します。ただし、慣れないうちは、赤ちゃんがこちらの働きかけを無視しているように感じたり、前より一層大声で泣くように感じることがあるかもしれません。でも、これが普通の反応ですから、心配しないでください。赤ちゃんの脳が、あなたからの新しいメッセージを理解するのに手間取っているのです。

「赤ちゃんが泣きやむ五つのスイッチ」を完ぺきにやっても、大泣きしている赤ちゃんがそれに反応するまでには数分ほどかかる場合があります。それは、新生児の神経系が次のような三つの特徴を持っているからです。

1 赤ちゃんの脳は、すぐにはギア・シフトできません

あなたの耳に赤ちゃんの泣き声がうるさく聞こえるとき、赤ちゃんの未熟な頭の中はそれ以上の大混乱で、あなたからの働きかけに注意を向ける余裕などありません。最初のうちは、赤ちゃんが「五つのスイッチ」に抵抗するかもしれない、と思っておいてください。あなたが「シーッ」と声をかけ、からだを揺らしてくれていることに赤ちゃんが気づき、それに満足するまでに、少し時間がかかるのです。

2 赤ちゃんの脳の働きは、とてもゆっくりです

生後四ヵ月になると、赤ちゃんは部屋の中を動きまわるあなたの姿をすばやく目で追うようになりますが、いまはまだ脳が未発達で、それができません。生まれたばかりのころは、目からはいった情報（「あ、ママが動いている！」）が脳の中の命令を出す部分まで届く（「目で追いかけなくちゃ！」）のに二秒ほどかかるのです。この「時差」は、

コリックの赤ちゃんの場合、もっと大きくなります。頭の中が大混乱しているために、情報処理が一層スピードダウンしてしまうからです。

3 赤ちゃんの脳は大泣きのサイクルにはまっています

大泣きしている赤ちゃんは、「五つのスイッチ」に反応しはじめても、一分ほどすると、また泣き出してしまいます。大泣きした余韻が神経系に残っていて、地震直後のように揺りもどしが来るからです。「赤ちゃんが泣きやむ五つのスイッチ」は、赤ちゃんが泣きやんだあとでも五〜一〇分以上続ける必要があります。大泣きの興奮が全身から消えて、鎮静反射の働きで眠りに落ちるまで、それくらいの時間がかかるのです。

大泣きの揺りもどしには、親も混乱させられます。まるで、赤ちゃんが急な痛みで泣き出したように見えるからです。でも、ほとんどの場合、そういうことはありません。「五つのスイッチ」を根気強く続けているうちに、赤ちゃんの大泣きサイクルが少しずつおさまり、神経が安らいでくるはずです。

chapter 5

第一のスイッチ——おくるみ

夕方、診療時間の終了まぎわに、ベッツィから電話がかかってきました。涙声です。赤ちゃんのアレックスが痛みの発作で大泣きする日が二週間以上も続いている、というのです。ベッツィの話を再現してみましょう。

「生まれて六週間たったころから、アレックスは腸内ガスでひどく痛がるようになりました。夜なんて、ほぼ一時間ごとに目をさまして泣き叫びます。わたしの食べたものが腸内ガスの原因になっているといけないと思って、自分の食事の内容まで注意してみましたが、アレックスの大泣きはちっとも良くなりません」

ベッツィは大泣きの原因を腹痛だと思ったらしく、腸内ガスを抑える薬を処方してほしいと言ってきました。わたしが腸内ガスをあまり問題にせず、代わりに「五つのスイッチ」を伝授すると、ちょっと意外そうでした。わたしは鎮静反射について説明し、おくるみにくるんで「シーッ」と声をかけて揺らしてあげるとよく眠りますよ、と教えてあげました。でも、ベッツィは半信半疑でした。

「最初の夜、わたしはドクター・カープに教わったテクニックを試してみませんでした。アレックスをきっちりくるむのが、どうしても自然に思えなかったのです。アレックスが苦しがるのではないか、息が詰まるのではないか、と心配だったのです。それに、あのときはまだ、原因は腸内ガスだと思っていたのです。その晩、アレックスはいつにも増して痛そうに泣き叫びました。それで、朝になって、とうとうドクター・カープのアドバイスどおりにやってみようと決心がつきました。

　その日、わたしは朝から晩まで一日じゅうアレックスをおくるみにくるんでおきました。意外にも、アレックスはとても心地よさそうにしていました。夜、寝かしつける時刻になると、おくるみでくるみおわるより先に、アレックスは眠ってしまいました。そして、七時間も続けて眠ったのです。アレックスのおなかはあいかわらずゴロゴロ鳴っていたので、腸内ガスがたまっているのだとわかりました。でも、アレックスがそれで目をさますことはありませんでした。

おくるみにくるんだおかげで、アレックスは以前よりずっとよく眠るようになりました。そして、生後四ヵ月を迎えるころには、おくるみなしでもぐっすり眠るようになりました」

……………………

アレックスの例でもわかるように、赤ちゃんを泣きやませるには、両腕を伸ばした状態でおくるみするほうが、はるかに効果的です。なぜでしょう？ 赤ちゃんのごきげんが悪いときにおくるみが効果を発揮する理由は、三つあります。

1 くるまれる安心感

皮膚はからだの中で最大の器官であり、肌に触れてもらうことは人間が最もおちつく感覚です。おくるみでくるまれているあいだ、赤ちゃんはやさしく抱かれているように感じるのです。

赤ちゃんにとって、肌に触れてもらうことは気持ちいいだけでなく、ミルクと同じように命にかかわるほど大事なことです。ミルクだけ飲まされて、一度も触ったり抱いたりしてもらえない赤ちゃんは、だんだん元気がなくなって死んでしまうことが多いといいます。もちろん、赤ちゃんにとって、おくるみは抱っこほどうれしいものではないでしょうが、抱いてあげられないときには抱っこの代わりになります。

2 手足のばたつきを抑える

おくるみにくるむと、赤ちゃんが何かのはずみで自分の顔をたたいたりして泣き出すのを防ぐことができます。生まれる前は、おかあさんの子宮に包まれていたので、赤ちゃんの腕は定位置でおとなしくしていました。でも、おなかから出たあとは、腕を押さえていてくれるものがありません。それで、赤ちゃんは、ほんの少し驚いただけでモロー反射を起こし、手足をばたつかせて泣き出すのです。

3 ママの働きかけに気づかせる

大泣きしているとき、赤ちゃんの頭の中は一〇台のラジオがいっせいに鳴っているような大混乱状態です。ビクッとするたびに赤信号が脳に伝わり、そういうのがごちゃごちゃになって、ママがそばにいてくれることさえわからなくなってしまいます。

おくるみにくるんで赤ちゃんの混乱した動きを抑制してあげると、頭の中でうるさく鳴っていたラジオが静かになり、赤ちゃんはママからの働きかけに注意を向けられるようになります。また、赤ちゃんが自分の手足の不意な動きに驚いてさらに大泣きする、という悪循環を防ぐこともできます。

正確に言うと、おくるみにくるむ行為そのもので赤ちゃんが泣きやむわけではありません。おくるみ自体は、鎮静反射を起こす刺激ではないのです。新米ママや新米パパは、このポイントで混乱してしまうようです。事実、おくるみでくるむと、最初は赤ちゃんがますます大泣きするので、それを見て、おくるみは効果がない、とあきらめてしまうママやパパが多いようです。

それでは、なぜ、おくるみが赤ちゃんを泣きやませる最初のステップなのでしょうか？　それは、赤ちゃんをくるむと、あなたが次にしてあげようとすること（これが鎮静反射を引き起こす刺激です）に対して、赤ちゃん側の受け入れ態勢ができるからです。実際に「シーッ」と声をかけたり揺らしてあげたりする前に、この準備段階が必要です。ですから、おくるみでくるんだ直後に赤ちゃんがいっそう大泣きしても、気にすることはありません。そのあとに続けて四つの「スイッチ」をやってあげれば、赤ちゃんはきっと満足するでしょう。

おくるみに対する偏見

今日のアメリカには、赤ちゃんをおくるみにくるむのをためらう親がまだたくさんいます。腕を動かせないようにくるんでしまうと、赤ちゃんの人権か何かが侵されるような気がするらしいのです。でも、それは「腕を所有する権利」と「腕をふりまわす権利」を混同しているのではないでしょうか。

小児科医として、わたしはたくさんの親たちに、「おくるみに対して心に抱いている偏見はありませんか?」とたずねてみました。代表的な答えを六つ並べてみましょう。

1 おくるみは原始的で古くさい感じがする

たしかに、それはそうです。でも、原始的で古くさいことの、どこがいけないのでしょうか? 食べることも、セックスも、原始的で古くさい営みです。でも、それをやめたいと思う人はいないでしょう? それに、原始的かもしれませんが、おくるみはほんとうに効果があるのです。

2 赤ちゃんは腕を両脇につけて伸ばす姿勢をいやがるのではないか

新米のママやパパは、泣いている赤ちゃんが腕を自由にしておきたがっているのだ、と考えがちです。もし、それが泣いている理由ならば、こんなに簡単なことはありません。赤ちゃんをくるまなければ、泣きやむはずです！　でも、もうお気づきと思いますが、腕を自由にさせると、赤ちゃんは一層大泣きするばかりです。

たしかに、妊娠後期には、赤ちゃんは子宮の中で腕を曲げています。その結果、赤ちゃんの腕を両脇に伸ばしても、すぐに曲げた姿勢に戻ろうとします。でも、両腕を伸ばした姿勢は、赤ちゃんにとって少しも不快ではありません。だからこそ、そうやってくるんであげると、赤ちゃんはいつもより長く眠るのです。

3 おくるみにくるまれると赤ちゃんはきゅうくつではないか

もちろん、大人になってから「子宮の中で暮らしたい」なんて思う人はいないでしょう。でも、赤ちゃんが大人と同じことを望むと決めてかかるのは間違いです。おくるみにくるむときに赤ちゃんが抵抗するのは、くるまれるのがいやだからではありません。両腕を自由にしたがっているように見えるかもしれませんが、ほんとうはその逆です。新生児は、狭いところにすっぽりはいった状態が大好きです。大泣きしている赤ちゃんには、手足がバタバタしないように大人が手を貸してあげる必要があるのです。

4 甘やかしすぎにならないか

さいわい、この心配にはまったく根拠がありません。赤ちゃんを一日一二時間抱っこしていても、甘やかしすぎにはなりません。おかあさんのおなかの中にいたころに比べたら、抱っこの時間は半分に減ってしまったわけですから！ 生後四ヵ月になれば、赤ちゃんは腕の力で上半身を持ち上げたり、寝返りを打ったり、ものをつかむことができるようになり、おくるみは必要なくなります。それまでのあいだ、おくるみは赤ちゃんにとってとても心地よいものです。

5 おくるみにくるむと指しゃぶりができなくて赤ちゃんがイライラしないか

生まれる前、赤ちゃんは上手に指しゃぶりをしていました。子宮にぴったり包まれているおかげで、両手が顔のすぐ前にあったからです。でも、生まれてからは、自分の手を顔のそばへ持っていくのは、とても難しくなってしまいました。やってみたとしても、手は赤ちゃんの意図とはまるで違う方向へ動いてしまうでしょう。赤ちゃんにとって自分の指をしゃぶることがとても難しいからこそ、おしゃぶりというものが発明されたのです。

誤解しないでください。指しゃぶりができるよう赤ちゃんの手を自由にしておくのは、ちっともかまいません。赤ちゃんがごきげんならば。でも、ほとんどの赤ちゃんは、自分の手を自分の口に持っていってしゃぶることができません。とくに、泣きわめいているときはそうです。両手が自由になっていると、赤ちゃんは両手を顔の前でふりまわして、ますます大泣きすることになるだけです。

6 きつくくるんでしまうと、赤ちゃんの学習意欲を阻害するのではないか

もちろん、両手が自由になる時間は必要です。両手を使う練習も大切です。でも、大泣きしているときに大切なのは、学習意欲を育てることではなく、まず赤ちゃんをおちつかせてあげることです。実際、ごきげんが良いときでも、おくるみにくるまれていたほうが学習効果は上がるかもしれませんよ。両手が動いていないほうが、注意を集中できますからね。

おくるみの正しい使い方

赤ちゃんを泣きやませる一番いい方法は、両腕でぎゅっと抱きしめてあげることです。おくるみでくるむのも、それと同じことです。さらに、おくるみを使えば、そのあいだ、親はお料理をしたりトイレに行ったりできる、というメリットが加わります！

おくるみは簡単ですが、きちんとしたテクニックと多少の練習が必要です。おくるみを使うことを勧める本はたくさんありますが、具体的なくるみ方を教えてくれる本はほとんどありません。そのため、くるみ方が下手で赤ちゃんが一層大泣きする、という困った事態がおこってしまいます。

この本では、おくるみを上手に使うためのコツをバッチリ説明します。初めのうちは変な感じがしても、五〜一〇回もやってみれば、おむつを替えるのと同じくらい手慣れてくるはずです。

大きな正方形のおくるみを用意してください。長方形よりも正方形のほうが左右対称なので使いやすいと思います。布の種類は、各人のお好みでけっこうです。フランネルが好きな人もいるでしょうし、伸縮性のあるワッフル地が好きな人もいるでしょう。最初は、人形で練習するか、赤ちゃんが泣いていないときに練習してみることをお勧めします。

①おくるみをベッドの上に広げます。おくるみの角を上にして、ひし形に見えるように置いてください。

②おくるみの上の角が正方形の中心に来るように折り曲げます。

③赤ちゃんをおくるみの上に寝かせます。おくるみを折り曲げた上の縁に赤ちゃんの首が来るように。

④赤ちゃんの右腕をからだのわきにそってまっすぐ伸ばします。赤ちゃんがいやがっても、あきらめないで。一、二度そっと伸ば

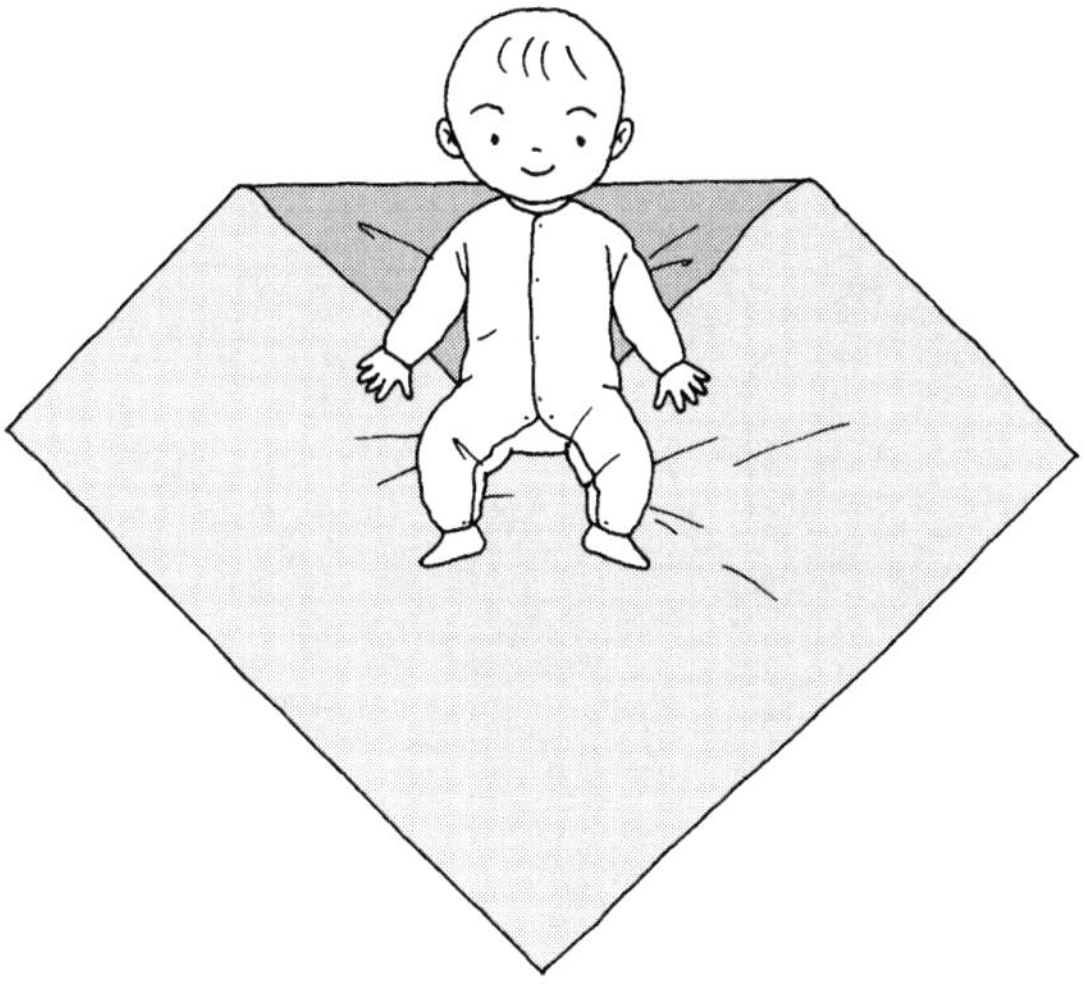

してあげれば、まっすぐになるはずです。

これで準備ができました。この先の手順は、「下、上、下、上」です。

1 下

最初の「下」は、おくるみの基本です。これをきちんとやらないと、おくるみはほどけてしまいます。

赤ちゃんの右腕をわきに添わせてまっすぐにしておいて、赤ちゃんの右肩先から一〇センチくらいの位置でおくるみをつかみ、赤ちゃんのおなかをおおうように斜め下方向へ引っぱります（Vネックが半分できたような形になります）。

おくるみをぴんと引っぱったまま、手を布の端まですべらせて、おくるみを赤ちゃんの左のおしりから背中の下へ押しこみます。これで、おくるみの端が固定されました。

赤ちゃんの左腰をおくるみの上から左手で押さえたまま、赤ちゃんの左肩側に出ているおくるみをつかみ、しっかりと引っぱります。こうすると、赤ちゃんの右腕まわりのゆるみがなくなります。

これで、赤ちゃんの右腕はわきにぴったりと固定されたので、あなたが手を離しても、赤ちゃんは右腕をおくるみの外に出すことはできないはずです。

おくるみを引っぱったときに赤ちゃんがますます大きな声で泣いても、驚いたり怖がったりしないでください。痛いわけではないのです。赤ちゃんはまだ頭の中が混乱していて、もうすぐ気持ちよくなることに気づかないだけなのです。

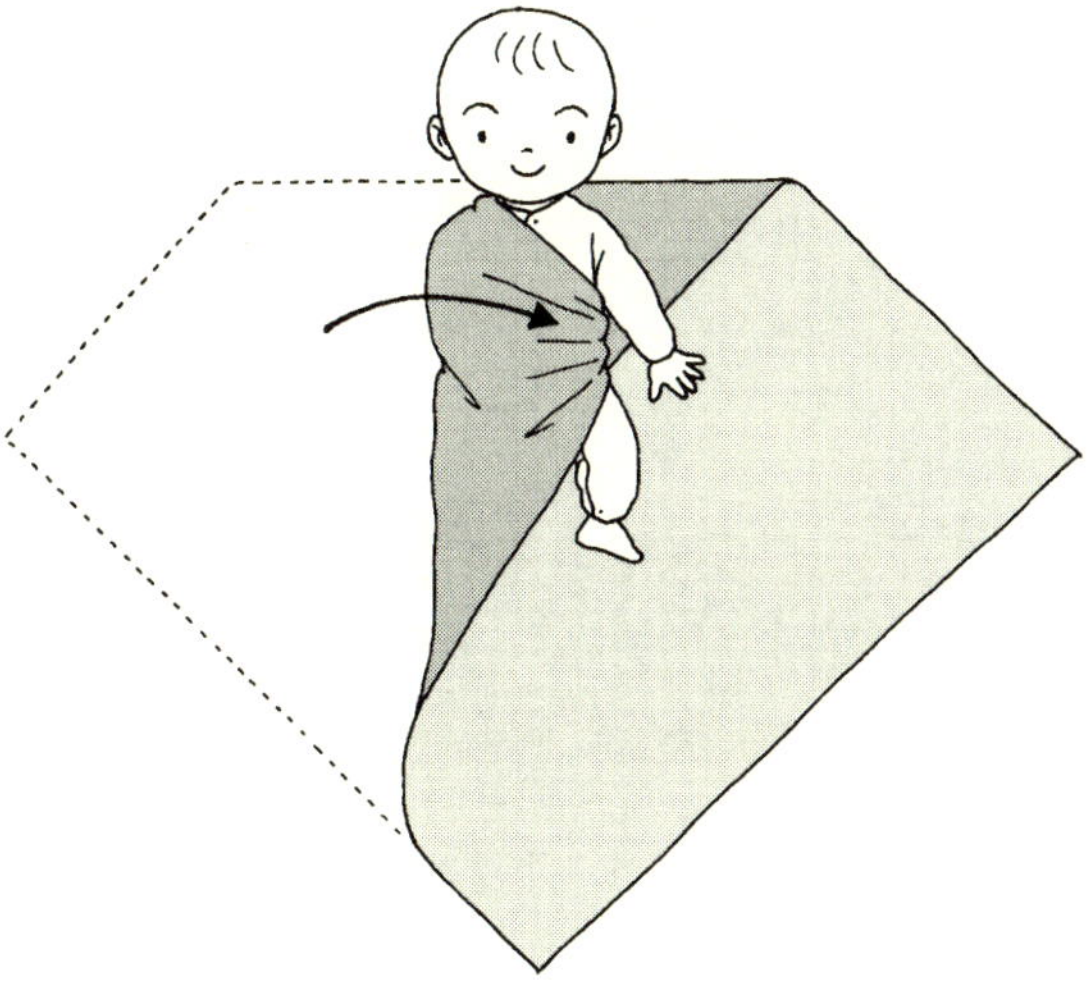

2 上

　こんどは赤ちゃんの左腕を伸ばしてわきに添わせ、おくるみの下の角を右上へ向かって折り上げて、赤ちゃんの左肩から左腕をおおうようにしてください。このとき、赤ちゃんの足は、曲がっていてもかまいません。でも、腕はしっかりと伸ばしてあげてください。腕が曲がったままだと、赤ちゃんはあっという間におくるみをはねのけて、さらに大泣きしてしまいます。

　赤ちゃんの左腕をおくるみの上から左手で押さえたまま、右手でおくるみの端を左肩の下へ押しこみ、赤ちゃんの左肩から一〇センチあたりの位置でおくるみをつかんでしっかりと引っぱります。これで、赤ちゃんの両腕のまわりにゆるみがなくなりました。

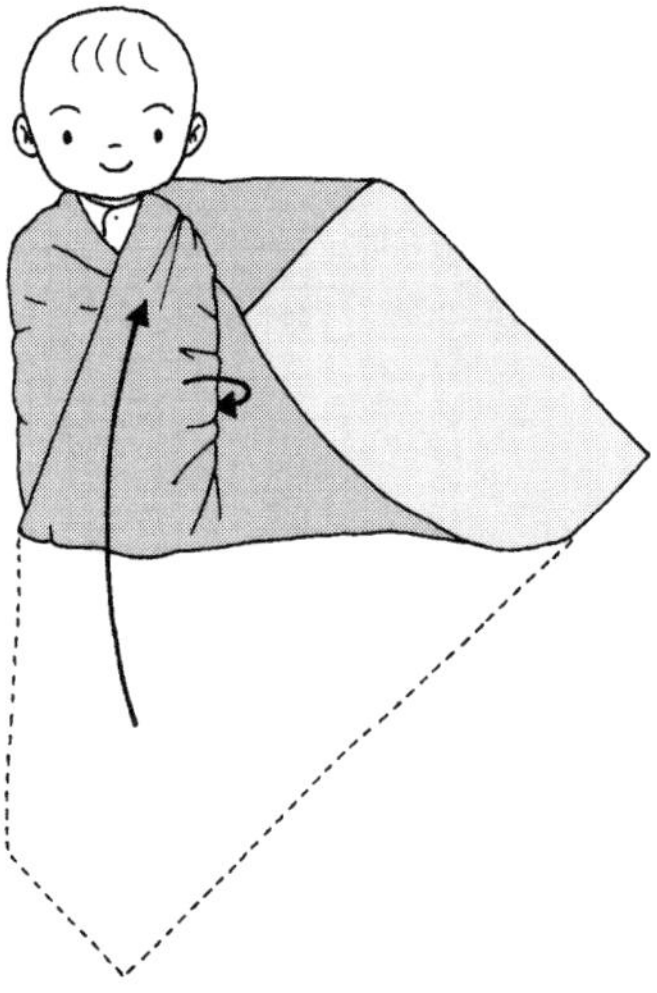

〈監修者からのアドバイス〉両手が体についているように上半身を布で巻くことが「おくるみ」のポイントと考えて、足は自由にしておいてください。「巻きおむつ」のように足を伸ばして強く巻きつけると、股関節脱臼になりやすいからです。

3 下

赤ちゃんの左肩から一〇センチの位置でおくるみをつかみ、ほんの少しだけ斜め下へ折ります。おくるみが赤ちゃんの肩から胸をおおって、Vネックの残り半分ができるように、ほんの少し折るだけです。先までぜんぶ折ってはいけません。

少しだけ折ったおくるみの端を左手に持ちかえ、赤ちゃんの胸の上で押さえておきます。蝶結びを作るときにリボンを押さえておくのと同じ要領です。

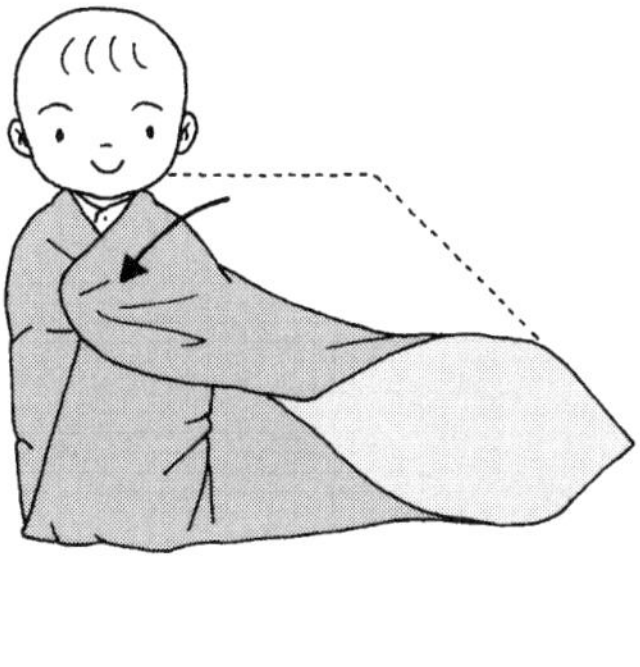

4 上

　左手でおくるみの端を押さえたまま、右手で最後に残ったおくるみの角をつかんで、まっすぐ右へ引っぱります。これで、ゆるみが全くなくなるはずです。おくるみの右端をつかんでぴんと引っぱったまま、赤ちゃんのおなかをおおうように左側へ持っていき、ぐるりと巻きつけます。ちょうどベルトを締めたときのように、おくるみが赤ちゃんの腕を押さえる形になるはずです。

　ゆるみがないように巻きつけたら、おくるみはできあがりです。十分な大きさの布をしっかり引っぱって巻けば、おくるみの端は赤ちゃんのからだを一周して前へ出てくるはずなので、それを巻きはじめの部分にたくしこみます。最後の一巻きをゆるませないことと、

端をしっかりたくしこむことが大切です。そうすれば、おくるみがほどけることはありません。

よくある失敗

おくるみは簡単ですが、つぎのような失敗には気をつけてください。

ゆるませないように

おくるみの極意は、一にも二にも「ぴったり、きっちり」です。おくるみをしっかり引っぱって、一つ一つのステップごとに布がゆるまないよう気をつけてください。

腕を曲げないように

腕が曲がっていると、泣いて暴れる赤ちゃんは、おくるみから簡単に手を出してしまいます。たしかに、胎児のように両腕を曲げておく姿勢は新生児にとって心地よいし、未熟児の場合は少なくとも本来の出産予定日まで腕を曲げた姿勢を取らせておくことが望ましいのですが、おくるみにくるむときに両腕をまっすぐ伸ばしたとしても、赤ちゃんは足や指や首を自由に動かせるので、きゅうくつではありません。

おくるみがほっぺに触れないように

おなかがすいているときにおくるみがほっぺに触れると、赤ちゃんはおっぱいと間違えて吸啜《きゅうせつ》反射を起こし、実際におっぱいがもらえないと、ますます泣き叫ぶことになります。おくるみが顔に触れないように、首もとをVネック状に折ってあげてください。

ほどけないように

「ほどけたら負け」が、おくるみのルールです。せっかく「ぴったり、きっちり」くるんでも、すぐにほどけてしまっては意味がありません。世界各地のベテラン・ママたちがおくるみの上からリボンやひもやベルトで締めるのは、そのためです。

おくるみはパパの出番

男性は、女性に比べると、子どもを大胆に扱います。子どもが少し大きくなれば、ベッドに放り投げたり、枕合戦をしたり、頭の上まで「高い高い」してあげたりします。それでは、小さな赤ちゃんの場合はどうでしょう？　パパは生まれてまもない赤ちゃんをどんなふうに扱うでしょうか？

はじめのうち、ママに比べると、パパは新生児に対しておっかなびっくりです。あまりにも小さくて、すぐにこわれてしまいそうに見えるからでしょう。抱っこしても、泣き出した瞬間に大急ぎでママに返してしまいます。

でも、おくるみはパパが育児に自信を持つようになる絶好のきっかけです。赤ちゃんをきっちりくるむ作業は、男性に向いているからです。わたしの経験から言えば、男性の力強さと器用さがおくるみにぴったりなのです。

Q&A

おくるみに関するQ&A

Ⓠ いつごろから始めるのがいいでしょうか?

Ⓐ 生まれてすぐでも、だいじょうぶです。おくるみにくるまれると、赤ちゃんはあたたかくて、心地よくて、「住みなれた場所に帰ってきた」気分になります。

Ⓠ おくるみが必要ない赤ちゃんもいるのですか?

Ⓐ おとなしい赤ちゃんは、おくるみが全然必要ないケースも多いです。泣きむしの赤ちゃんほど、おくるみが必要になります。きっちりくるまれていると、赤ちゃんはすごくおちつくようです。あまりよく眠ってしまうので、授乳時にわざわざおくるみをほどいて起こしてあげなければならない場合もあるくらいです。

Ⓠ おくるみにくるむと、赤ちゃんはよく眠りますか?

Ⓐ そのとおりです! おくるみの必要がない育てやすい赤ちゃんでも、おくるみにくるんであげると、いつもより長く眠ります。何かに驚いて目をさますことが少なくなるからです。ただし、きっちりくるんであげるよう、くれぐれも注意してください。ベッドに寝かせておいたあいだにおくるみがほどけると、危険な場合があります。

Ⓠ いままでおくるみにくるんだことのない赤ちゃんの場合、いつまでなら始められるでしょうか？

Ⓐ 生後三ヵ月までなら、いつから始めてもだいじょうぶです。ただ、赤ちゃんが慣れるまで少し時間がかかるかもしれないので、根気強くやってください。最初は、赤ちゃんがうとうとしていておくるみを喜びそうなときにやってみるといいでしょう。

Ⓠ おくるみは、いつまで続けていいですか？

Ⓐ おくるみをやめる時期は、一人ひとりの赤ちゃんごとに、さまざまなケースがあります。生後数週間たって赤ちゃんがおくるみに抵抗しはじめると、そろそろやめるべきだろうかと考えるママやパパが少なくありませんが、ほんとうは、この時期にこそおくるみが威力を発揮するのです。

　おくるみがもう必要ないかどうかを判断するには、ためしに赤ちゃんの片腕だけを出して、おくるみを使ってみます。それでごきげんが悪くなるようだったら、まだしばらくのあいだ、おくるみが必要ということです。ごきげんが変わらなければ、もうおくるみは要らないでしょう。

　ほぼ例外なく、赤ちゃんは生後三〜四ヵ月くらいでおくるみを卒業します。ただし、一歳ごろまでは、おくるみにくるんだほうがよく眠る赤ちゃんもいます。

Ⓠ 一日に何時間おくるみにくるんでおくべきでしょうか？

Ⓐ 赤ちゃんも、手足を伸ばしたり、お風呂にはいったり、マッサージしてもらったりする時間が必要ですが、最初は一日二二〜二〇時間ほどおくるみにくるんでおくといいでしょう（くりかえしになりますが、赤ちゃんは子宮の中にいたときは一日二四時間ぴったりとくるまれていたのです）。一〜二ヵ月たったら、赤ちゃんのごきげんを見ながら、おくるみにくるむ時間を減らしていってもよいでしょう。

Ⓠ きつくくるみすぎていないかどうか、どうやったらわかりますか？

Ⓐ 昔からおくるみを使っている社会では、赤ちゃんの両腕をかなりきっちりとくるむのが普通です。ゆるくすると、必ずほどけてしまうからです。アメリカではきつくくるみすぎることを心配するママやパパが多いようですが、わたし自身は、きつくくるみすぎた例を聞いたことがありません。反対に、ゆるすぎて失敗した例は、数えきれないほど見ています。最初にどれほどぴったりくるんでも、赤ちゃんがごそごそ動くので、おくるみはゆるんでしまうものなのです。

　ただ、どうしても心配な人は、赤ちゃんの胸とおくるみのあいだに手を差し入れてみてください。臨月のころの大きなおなかとズボンのウエスト・ゴムのあいだに手を入れたときと同じくらいぴったりの感じがすれば、正解です。

Ⓠ くるみすぎて赤ちゃんが暑くないかどうか、どのように見分けるのですか?

Ⓐ 未熟児は高い温度の保育器に入れておく必要がありますが、月満ちて生まれた赤ちゃんは、一八〜二二℃の室温ならば、ふつうの服とおくるみでだいじょうぶです。家の中がそれよりあたたかければ、衣類を少し減らします。たとえば、おむつだけにして薄手の綿毛布でくるむ、というように。

赤ちゃんの耳たぶと指先に触ってみて、熱っぽく紅潮して汗ばんでいたら、着せすぎです。ほっかりしているだけで汗ばんでいなければ、たぶん、ちょうどいい温度です。

Ⓠ 赤ちゃんがおくるみを欲しがっているのか、ミルクを欲しがっているのか、どうやって見分ければいいですか?

Ⓐ おなかがすいているとき、赤ちゃんは次のようなサインを出します。

- 唇に触ると、母鳥にエサをねだるひな鳥のように口を大きく開けます。
- おしゃぶりを吸わせても、一〜二分でイライラしはじめます。
- おっぱいか哺乳びんを口にいれてやると、勢いよく吸いついて飲みはじめます。

おくるみにくるんでおいたら赤ちゃんがおっぱいを飲むのを忘れてしまうのではないか、なんて心配はご無用です。ちょっとおなかがすいているだけの赤ちゃんならば、おくるみでおとなしくなるかもしれませんが、おなかがぺこぺこの赤ちゃんは、おくるみでは絶対に満足しませんから。

Ⓠ うちの子はびくつきやすく、神経質です。おくるみはこういう子に効果があるでしょうか？

Ⓐ 台風が来ても平気で眠れる赤ちゃんもいれば、電話が鳴るたびにビクッとする赤ちゃんもいます。これは、神経質なのではありません。敏感なだけです。おくるみは、刺激に驚いた赤ちゃんの反応をいくらか抑制し、大泣きのサイクルが始まるのを防いでくれます。

Ⓠ おくるみにくるんだまま赤ちゃんを寝かせると、危ないことはありますか？

Ⓐ 前にも書いたように、お医者さんはベッドに枕やぬいぐるみなど事故の原因になるものを置いたまま赤ちゃんを寝かせないようアドバイスしています。おくるみは、ほどけないよう、赤ちゃんにしっかり巻きつけておきましょう。

Ⓠ 子どもは縛るのでなく自由に育てるべきではありませんか？

Ⓐ 自由はすばらしいものですが、ご存じのように、自由には責任が伴います。赤ちゃんが自分ひとりで泣きやむことができるならば、おくるみにくるまれない権利を主張する資格があるでしょう。けれども、新生児の多くは、このとてつもなく大きな世界に対処しきれません。あと二〜三ヵ月、手足をばたつかせなくてすむようになるまでは、おくるみにくるまれる心地よさが必要だと思います。

Ⓠ おくるみにくるまれているときに赤ちゃんがどこかかゆくなったら?

Ⓐ ありがたいことに、これが問題になった例は一度もありません。生まれてまもない赤ちゃんは、からだからのメッセージをはっきりと感じ取れないので、かゆみは感じないのです。さらに、赤ちゃんは注意力を持続できません。かゆいところに手が届かないと気が狂いそうになる大人と違って、赤ちゃんはすぐに忘れてしまいます。それに、たとえかゆみを感じたとしても、赤ちゃんはかゆい部分を自分でかくほどからだを上手に使うことができません。

ー＝クレールが顔いっぱいに口を開けてにっこり笑うのです。どんなに疑い深い目で見ていた人でも、これで信じてくれましたよ！

*

生後１ヵ月のころから、ジャックは夕方６時になると大泣きし、それが真夜中まで続くようになりました。ノンストップでおっぱいを含ませていないと、泣いて泣いてどうしようもないのです。寝かせるにもおっぱいが必要でした。代わりにおしゃぶりを口に入れてやると、すごい勢いで拒絶するのです。

でも、そのうち、ジャックのごきげんを直すいい方法が見つかりました。おくるみです。くるんであげるときは、そんなにうれしそうではないのですが、ものの数分でおとなしくなります。赤ちゃん教室で、わたしは友だちにおくるみでジャックをきっちりくるむところを見せてあげました。大泣きしていたジャックが目の前でピタッと静かになったのを見て、友だちはショックを受けていました！　わたしは、息子ともども鼻高々でした。

ママ・パパの声

マリー＝クレールは、生まれた翌日から大泣きしました。新生児の弱々しい泣き声なんてものじゃなく、かなりパワフルな大声をとどろかせて。生まれて１日しかたっていない赤ん坊がこんな大きな声を出すなんて、わたしはショックを受けました。

そのとき、ドクター・カープが部屋にはいってきました。そして、いつもと変わらない足取りでベビーベッドのそばへ来てマリー＝クレールを抱き上げ、ブリトーみたいにくるみました。それから、赤ちゃんの足を自分のほうへ向けて膝の上に寝かせ、大きな声で「シーッ」と言いました。おくるみと「シーッ」の合わせ技はみごとに効いて、マリー＝クレールはほとんど一瞬で泣きやみました。

夫もわたしも、すごく驚きました。こんなの、見たことがありませんでした。わたしたちは、赤ちゃんを湯上がり毛布にきっちりくるむやり方を教えてもらいました。そうしたら、マリー＝クレールは地球上でいちばんごきげんな赤ちゃんに変身したのです！

３ヵ月を過ぎてもマリー＝クレールをおくるみにくるんでいるわたしたちのことを、よその人たちは変な目で見ました。まるで、わたしたちが野蛮な方法でも使っているみたいに。ときどき、「どうして赤ちゃんをそんなふうにくるむのですか？」とたずねられることもありました。そんなとき、わたしたちは胸を張って、「こうすると、この子はごきげんなんです」と答えます。すると、まるでそれを合図と思ったかのように、マリ

chapter 6

第二のスイッチ——横向き／うつぶせ

ダガーは、生まれてまもない娘のボビーをわたしが扱うところを見て、目を丸くしました。ボビーが泣き声を上げた瞬間、わたしは自分のひじから先を水平にして手のひらを上に向け、ボビーの顔を手のひらで支え、小さなからだをうつぶせにして前腕にのせたのです。大泣きしようとしていたボビーは、急におとなしくなりました。わたしはものすごく神経質な人みたいにボビーをのせた腕を細かく揺らしました。ボビーは、二分もしないうちに眠ってしまいました。

後に、ダガーがこんなふうに話してくれました。「子どものころ、ぼくはフットボールが大好きで、ボールを大切な宝物のように抱えて走ったものです。でも、ボビーをそういうふうに抱えていいなんて、先生がやるとこを見なかったら、考えもしなかったでしょうね。いまじゃ、毎日、ボビーをフットボールのように抱えて歩いていますよ。そうしてやると、あの子はすぐ眠るんです」

赤ちゃんをあやす場合に重要なのは、一にも二にも「姿勢」です。赤ちゃんを泣きやませるには、横向きかうつぶせの姿勢が効果的です。ごきげんのいいときならば、赤ちゃんはあおむけに寝かせても平気ですが、ごきげんの悪いときはあおむけはダメです。中には、ぐずっていないときでもあおむけに寝かせると不安がる赤ちゃんもいます。こういう難しい赤ちゃんは、横向きに寝かせたり、うつぶせに近い姿勢にして抱いてあげると、すぐにおとなしくなります。

赤ちゃんが横向きやうつぶせを好むのは、おなかの中にいたときの姿勢に近いからです。生まれるまで、胎児は一度もあおむけの姿勢を体験することなく、ほとんどの時間を横向きになって頭を下にし、背中を丸め、両膝をおなかにつけた胎児姿勢で過ごしています。

子宮から外へ出たあとも、赤ちゃんは、うつむきかげんで横になっておなかに何かが触れていると、脳に記憶された姿勢センサーが働いて鎮静反射が起こります。未熟児治療の専門家たちは、小さな赤ちゃんを横向きにし、からだを丸めて寝かせます。

横向きやうつぶせならば、モロー反射が起こる心配はありません。泣き叫ぶ赤ちゃんをあおむけに寝かせたまま泣きやませようとするのは、赤ちゃんをあやしながらつねっているようなものです。赤ちゃんとしては、抱っこしてもらうのは気持ちいいのですが、あおむけにされると不安に感じるのです。

あおむけに寝かされていると、赤ちゃんは少しびくついたり泣いたりしただけで頭の中の姿勢センサーに赤信号がともり、モロー反射が起こって自分が落下していくような感覚に襲われて、金切り声を上げたり両手を振りまわしたりします。いったんモロー反射が起きてしまったあとでは、横向きやうつぶせにしても、鎮静反射が起こるまでに一〜二分かかる場合があります。なかには姿勢に非常に敏感で、横向きに寝かせてあったのを少しうつぶせに近づけてあげただけでおとなしくなったり、少しあおむけに近づけるだけでパニックになったりする赤ちゃんもいます。

突然死を防ぐために

赤ちゃんは横向きやうつぶせの姿勢が大好きですが、眠るときはあおむけに寝かせるべきです。

一九九二年、アメリカ小児科学会は、赤ちゃんをうつぶせで寝かせないように、という勧告を発表しました。うつぶせで寝かせるとＳＩＤＳ（乳幼児突然死症候群）の確率が高くなることが、研究によって明らかになったからです。うつぶせで寝かせるのをやめただけで、赤ちゃんの突然死は年間六〇〇〇件から三五〇〇件へと激減しました。

二〇〇〇年三月、アメリカ小児科学会は、赤ちゃんの突然死を防ぐための最新アドバイスを発表しました。それによると、赤ちゃんの突然死は生後一ヵ月以下ではほとんど起こらず、生後二ヵ月から四ヵ月に最も多く起こるということです。また、突然死の発生率を高める要因は、うつぶせ寝、柔らかいベッド、母親の喫煙、あたためすぎ、出産前健診を受けていない、十代の母親、未熟児、などでした。報告書はさらに、眠るときはあおむけが最も望ましいこと、横向きでも悪くはないが突然死の危険はやや高くなること（たぶん、寝ているあいだにうつぶせになるのが原因）、などを指摘していました。

赤ちゃんの突然死を防ぐには、妊娠中の喫煙をやめること、家の中では一切の喫煙を謹むこと、アルコールや鎮静剤を飲まないこと（とくに赤ちゃんと添い寝するときは）、ソファやウォーターベッドで赤ちゃんと添い寝しないこと、柔らかいもの（ぬいぐるみ、枕、毛布など）をベッドに置かないこと、さわって熱っぽく感じられたり汗をかいたりするほどあたためすぎないこと、を勧告しています。

赤ちゃんが泣きやむ抱き方

それでは、赤ちゃんを横向きあるいはうつぶせの姿勢で泣きやませる抱き方をお教えしましょう。まず最初に、赤ちゃんの両腕をおくるみできっちりくるみます。そして、これから紹介する姿勢のどれかを試してみてください。どれも、ベテランのママやパパたちが昔からやってきた方法です。

裏返し授乳スタイル

赤ちゃんを散歩したり揺らしたりしながら泣きやませたいとき、わたしはこの抱き方をよく使います。抱いていて楽ですし、頭と首を完ぺきに支えることができるからです。

1　いすに腰かけて、赤ちゃんを膝の上に寝かせます。赤ちゃんの右側が下になるように、赤ちゃんの頭があなたの膝のところに来るように、赤ちゃんの足があなたの腰の左側に来るように。

2　左手を赤ちゃんのほっぺたの下へ差し入れて、頭と首をあなたの手のひらと指で支えます。

3　赤ちゃんをあなたの左前腕にのせながら、胸元へ引き寄せます。赤ちゃんのおなかがあなたの腕に触れ、背中があなたの胸に軽く押しつけられる形になるはずです。

こうすると、あなたの親指は赤ちゃんの顔のすぐそばに来るので、親指をしゃぶらせてあげるのもいいでしょう（手を洗っておきましょう）。

フットボール・スタイル

おとうさん御用達の抱き方です。腕の力が必要ですが、楽しいし、効果も抜群です。

1　赤ちゃんを膝に座らせます。あなたから見て、赤ちゃんの顔が左を向いているように。あなたの左手を赤ちゃんのあごに当て、赤ちゃんの顔を支えます。

2　赤ちゃんのからだをゆっくり前へ倒し、赤ちゃんの腰を回して、おなかがあなたの左前腕にのるようにします。赤ちゃんの頭があなたの手のひらに収まり、赤ちゃんの胸とおなかがあなたの前腕にのり、赤ちゃんの手足があなたの腕をまたいでぶら下がる形になります。

たて抱きスタイル

泣いている赤ちゃんを肩にもたせかけるようにたて抱きしてあげると、目をみはるほどの効果があります。たて抱きにすると、赤ちゃんの体重で自然におなかが大人の肩に押しつけられる形になるので、おなかに何かが触れている感覚が伝わり、赤ちゃんは一層気持ちよく感じます。ただし、たて抱きする前に、必ず赤ちゃんをおくるみでくるむことを忘れないでください。くるんでおくと、眠った赤ちゃんをベビーベッドに移すときに目をさまさせずにすみます。

赤ちゃんを泣きやませる抱き方は、もちろん、これだけではありません。大人の膝の上で赤ちゃんが足を胸につけて大砲の弾丸のように丸くなる「砲弾スタイル」や、赤ちゃんを湯たんぽの上にはらばいにさせておなかに触れる湯たんぽの感触とあたたかさでおとなしくさせる「湯たんぽスタイル」もあります（ただし、うつぶせで寝かせるのは避けてください）。赤ちゃんのいちばん喜ぶ姿勢を見つけるために、いろいろな抱き方を楽しんでみてください。

Q&A

横向き／うつぶせに関するQ&A

Q 横向きに寝かせるとき、赤ちゃんの手はどうすればいいですか？

A 赤ちゃんの腕は、からだにそってまっすぐ伸ばしておいてください。どんなにぴっちりくるんでも、赤ちゃんが下側になった腕を少し前へ動かすくらいの余裕はあります。

Q 横向きに寝かせて、赤ちゃんの腕がしびれることはありませんか？

A ありません。腕がしびれるのは、ひじの先端、上腕骨の内側部分が圧迫されたときだけです。硬い机の上で腕を枕代わりに居眠りしたときに腕がしびれるのは、このためです。赤ちゃんの腕は、おくるみでくるまれたあと少し前へ動くので、腕がしびれるほど圧迫される心配はありません。

Q 赤ちゃんが子宮の中にいたときの感覚を喜ぶならば、逆立ちさせておいたらどうでしょうか？

A なかなかおもしろい考えですが、答えは「ノー」です。おかあさんのおなかの中にいるあいだ、赤ちゃんはたしかに何ヵ月も頭を下にした姿勢で過ごしてきました。したがって、その姿勢を喜ぶかと考えたくなる気持ちはわからないでもありません。でも、子宮の中は液体に満たされているので、胎児は実際には無重力に近い状態に置かれていたわけです。子宮から出てしまうと、液体による浮力が失われるので、上下さかさまでは頭に血が集まって、赤ちゃんは苦しいでしょう。

ぐそばで子守唄を歌う、というものです。

＊

お日さまバイバイで夜になったとたん、生後２ヵ月のルビーは今夜もからだをよじって泣き叫びはじめました。ルビーのママとパパは、ルビーが腹痛で苦しんでいるのではないかと心配しましたが、そのうちに、ルビーのおなかが親の肩に押しつけられるように抱いて裏庭を散歩しながら１歩ごとに揺らしてやると、あっという間にルビーが寝入ってしまうことを発見しました。

＊

赤ちゃんのマイケルが泣き出したら、あやすのが一番上手なのはお父さんです。お父さんはロッキング・チェアに座って膝の上にクッションを置き、マイケルをクッションの上にうつぶせに寝かせて速く揺らすのです。マイケルは、いつも5分足らずで眠りの世界へ漂っていきます。

ママ・パパの声

ダイナは、困ってしまいました。病院では息子のノアをあおむけで寝かせるよう指導されたのに、赤ちゃんを見に来たダイナの母親は反対のことを言うのです。

「生後6週間の赤ちゃんを寝かせるのにどの姿勢がいいのか、言い合いになりました。ノアは、あおむけに寝かせると、ぐずるのです。15分も20分もトントンたたいてやらないと眠ってくれないし、やっと眠っても3時間おきに目をさまします。

母は、うつぶせで寝かせるべきだ、と言います。たしかに、うつぶせで寝かせると、よく眠ります。でも、突然死の危険性が高くなるような恐ろしいことは、したくないのです。

それで、ドクター・カープに相談してみました。ドクター・カープはノアをおくるみでぴっちりくるんで、あおむけに寝かせました。そしたら、すごいんです。うつぶせ寝と同じくらいよく眠ってくれたんです。しかも、うつぶせ寝よりずっと安全ですし」

＊

子どものころ、オールフリは赤ちゃんを簡単に泣きやませる方法を覚えたそうです。それは一族の女性に代々伝わる方法で、「ビッグ・ママ・テクニック」と呼ばれていました。座って膝にクッションを置き、泣きわめいている赤ちゃんをクッションの上にうつぶせにしたら、自分の両足のかかとを激しく上下させ、赤ちゃんのおしりを強めにトントンし、赤ちゃんの耳のす

chapter 7

第三のスイッチ――「シーッ」

地方の病院で巡回をしていたとき、新生児室まで来ると、有能なベテラン看護婦のキャロルが泣き叫ぶ赤ちゃんをおくるみにきっちりくるみ、横向きに寝かせて、耳もとでやさしく「だいじょうぶよ、さあ、もうだいじょうぶよ」とささやいていました。おしゃぶりも口に入れてあげようとしていましたが、赤ちゃんは受けつけません。「ちょっと、やらせてもらえるかな?」と、わたしはキャロルに声をかけました。その後に起こったことを、キャロルに語ってもらいましょう。

「ソフィアは、生まれて二日間、泣いて泣いてどうしようもない状態でした。ドクター・カープは、『ぼくがやってみよう』と言ってソフィアのベッドにかがみこみ、耳のそばへ顔を近づけて、一〇秒間ほど『シーッ』と大きな声を出しつづけました。そしたら、あら不思議! ソフィアはものの二～三秒で泣きやんで、そのあと二時間も

おとなしくしていました」

もちろん、一回ぐらい大きな声で「シーッ」と言ったところで、赤ちゃんがそのあとずっと静かになるわけではありません。でも、あの場面では、キャロルの働きかけにソフィアの注意を向けるには「シーッ」が必要だったのです。

風の音や波の音を聞くと、気持ちが安らぐでしょう? 「シーッ」という音はわたしたち人間のとても深い部分と結びついているので、大人が聞いても心がおちつく音なのです。

生まれたばかりの赤ちゃんにとって、「シーッ」という音は、安心をもたらす音です。泣いている赤ちゃんに向かって大きな声で「シーッ」と言うのは変に見えるかもしれませんが、それならば、掃除機の音を聞かせるのも同じです。育児の本には、よく、「掃除機のスイッチを入れてみましょう」なんて書いてあるでしょう? あの雑音に、どんな特別な意味があるのでしょう?

騒々しい雑音は、じつは、赤ちゃんが子宮の中で聞いていた音に似ていて、鎮静反射を起こす働きがあるのです。

赤ちゃんは子宮の中でどんな音を聞いていたの？

あるとき、わたしは診察室を訪れたナンシーとゲアリー夫妻に、「赤ちゃんのナタリーが子宮の中でどんな音を聞いていたと思いますか？」と質問してみました。「ねぇ、ゲアリー、ちょっと来て！」というような話し声ではないか、というのがナンシーの答えでした。それも、一部正解です。胎児は人の声をはじめとして、「外界」の音を、はっきりとではありませんが、聞いています。でも、毎日いちばん多く聞いているのは、「シーッ、シーッ」というリズミカルな音です。これは、おかあさんの体内を流れる血液の音で、木々のあいだをわたる突風と同じくらい騒々しくて耳ざわりな音です。

なぜ、これが赤ちゃんの聞いている音だとわかるのでしょう？　一九七〇年代の初めに、お医者さんが分娩中の女性の子宮に小さなマイクを入れて測定したところ、子宮内で聞こえる音は八〇～九〇デシベルという信じられないほど大きな音（掃除機よりも大きな音です！）だということがわかったのです。読者のみなさんの中にも、お医者さんや助産婦さんがおなかにマイクをつけて胎児のようすをチェックしたときにこの音を聞かせてもらった人がいると思います。この音が赤ちゃんにどう聞こえていたかを体験したい人は、お風呂の蛇口をいっぱいに開いて流れ落ちる水の下に頭を突っこんでみるといいでしょう。

こんなすごい音を聞いて、赤ちゃんはだいじょうぶなのでしょうか? 心配ありません。子宮内で聞こえる音は掃除機よりも大きな音ですが、赤ちゃんにはそんなに大きな音には聞こえていないのです。というのも、赤ちゃんの内耳には体液が詰まっているし、外耳道には胎脂《たいし》が詰まっているし、しかも鼓膜はまだ分厚くて音をよく伝えることができないからです。

生まれて二〜三ヵ月たつうちに、厚紙のようだった赤ちゃんの鼓膜はぴんと張ったセロファンのようになり、小さな音でも聞き取れるようになります。でも、生まれてしばらく

いろいろな音の大きさ

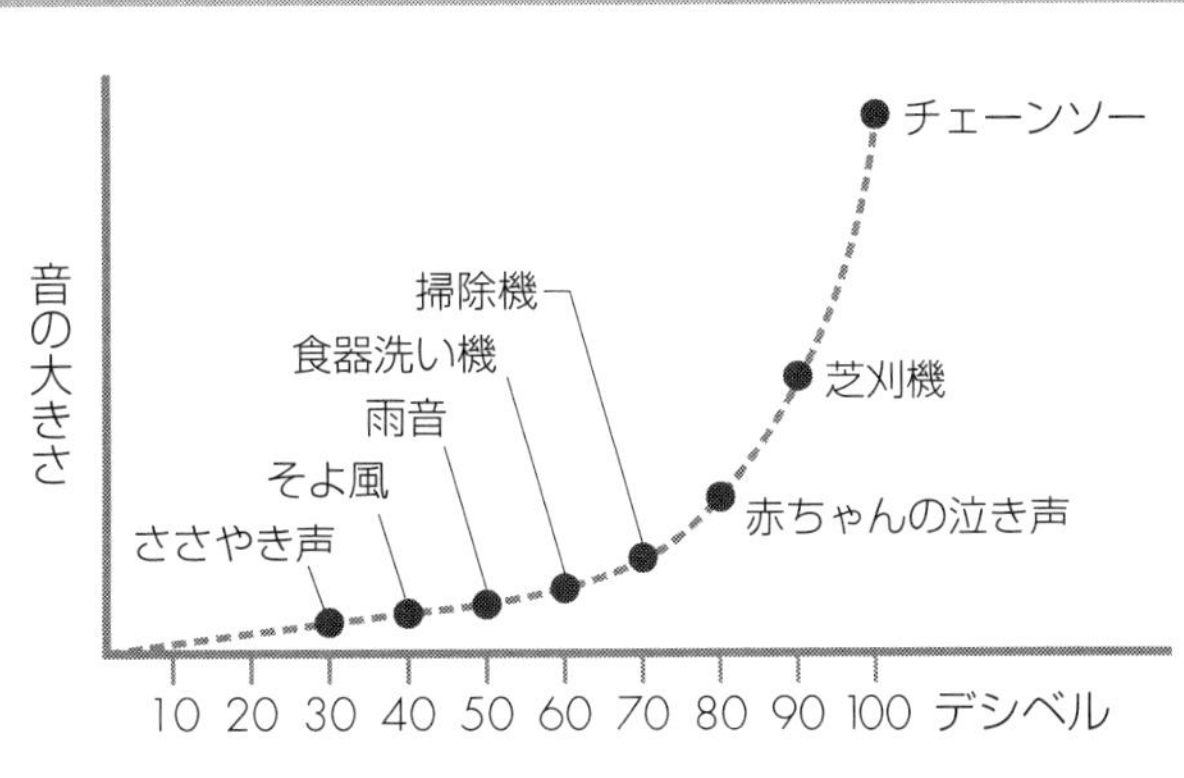

American Speech-Language-Hearing Association資料より

は耳が聞こえにくいせいで、「シーッ」という大きな音も、掃除機の音も、ちょうどいい音量に聞こえるわけです。

いろいろな音が全方向から大音量で聞こえていた子宮から出されて、突然静かな部屋に寝かされた赤ちゃんのショックを想像してみてください。おまけに、ママとパパは小声でささやくように会話し、ぬき足さし足で歩いているのです。たしかに、わたしたち大人は静かな部屋で休めるのをありがたいと感じますが、赤ちゃんにとっては、静けさは気の狂いそうな沈黙なのです。しかも、耳が聞こえにくいぶん、家の中はますます静まり返って感じられることでしょう。一種の感覚遮断状態を味わっているようなものです。静かすぎて赤ちゃんが泣くというのも、納得できますね。赤ちゃんは、「おねがい、だれか音を鳴らしてよ!」と叫んでいるのかもしれません。

「シーッ」の極意

世界じゅうどこでも、母親は同じような方法で赤ちゃんを泣きやませます。こんな方法です。

1　赤ちゃんの耳のそば五～一〇センチに口を近づけます。

2　「シーッ」という音を出します。

3　赤ちゃんの泣き声と同じ音量になるまで、「シーッ」の音を急激に大きくしていきます。世界でいちばん腹を立てている図書館司書になったつもりでやってみてください。ここで必要なのは、やさしい声の「シーッ」ではなく、耳ざわりで強くて長い「シーッ」です。赤ちゃんの耳はよく聞こえないので、あなたが出している音は赤ちゃんには小さい音にしか聞こえません。しかも、赤ちゃん自身の泣き声が七〇～八〇デシベル（掃除機より騒々しい音です）で鳴り響いているのです。赤ちゃんの耳のすぐそばで！

　大泣きしている赤ちゃんを「シーッ」と言って黙らせるのは無神経で粗暴なやり方だ、と感じるママやパパもいるでしょう。怒っているみたいに聞こえるのがいやだ、という人もいるかもしれません。でも、赤ちゃんの耳には、「シーッ」は安心できる音なのです。

4　赤ちゃんを泣きやませるには、親のほうが赤ちゃんの泣き方に合わせて対応してあげることが大切です。赤ちゃんが大泣きしているときは、泣き方がおさまってくるまで「シーッ」の声を小さくしてはいけません。

初めて「シーッ」をやったとき、赤ちゃんは一〜二分で静かになるはずです。だんだんやり方が上手になってくると、ものの数秒で静かになるかもしれません。ただし、いったん泣きやんでも、しばらくは適度な大きさの「シーッ」がないと、赤ちゃんはまた泣き出してしまう場合があります。そういうものだと思っておいてください。おなかの中にいるあいだ、赤ちゃんは一日二四時間、一週間に七日、この大きな音を子守唄がわりに聞いていたわけですから、生まれたあとで「シーッ」が一日に数時間必要だったとしても、あるいは一晩じゅう必要だったとしても、赤ちゃんにしてみれば大幅な譲歩です。

赤ちゃんのお兄ちゃんやお姉ちゃんに「シーッ」を教えてあげると、いいですよ。お兄ちゃんやお姉ちゃんが赤ちゃんのお世話に手を貸してくれるようになるし、ママやパパと同じように赤ちゃんを泣きやませることができれば得意満面でしょう。

大きな声で「シーッ」を長い時間続けるのは、たいへんです。ママやパパの「シーッ」の代わりに赤ちゃんを泣きやませる効果のある道具を紹介しましょう。

●ヘア・ドライヤーや掃除機のような音の大きな家電
●扇風機、電子レンジのファン、お風呂の換気扇
●蛇口から水が流れる音
●ホワイト・ノイズ（赤ちゃんが子宮内でいつも聞いていたザーッという音）を出す装置
●ホワイト・ノイズを録音したCD
●子宮内の音が出せるクマのぬいぐるみ
●ラジオや赤ちゃんモニターの雑音
●スニーカーかテニスボールを入れて衣類乾燥機を回す（赤ちゃんを乾燥機の上に寝かせたままその場を離れてはいけません。赤ちゃんが乾燥機から落ちる可能性があります）
●食器洗い機
●車でドライブ

ちょうどいい音の大きさを見つけるいちばんいい方法は、少しずつ音を大きくしていきながら赤ちゃんの反応を見ることです。たとえば、赤ちゃんが少しぐずりぎみのとき（おなかがすいているときはダメです）に、次のような実験をしてみましょう。

赤ちゃんをおくるみにくるみ、肩にもたせかけて抱きます。赤ちゃんの耳のすぐそばに口を寄せて、一〇秒間やさしく「シーッ」と言ってみます。赤ちゃんが泣きつづけるようならば、「シーッ」の音をだんだん大きく強くしていきます。

ちょうどいい音量になると、赤ちゃんは魔法のように数秒で泣きやみます。いろいろな音の高さで「シーッ」をやってみて、どれがいちばん効果的か見てみましょう。

赤ちゃんが静かになったら、少しずつ「シーッ」の音を小さくしていきます。赤ちゃんが再び泣き出したら、「シーッ」をまた少し強くしましょう。

トムとカレンは、うめき声のような音を聞かせると息子のベンが泣きやむことに気づきました。「お産のときのうめき声とか、お坊さんが何人か声を合わせてお経を読んでいるみたいな声を聞かせると、ベンは注意を向けるんです。低くてよく響く音が好きみたいです」

「シーッ」以外にも、いろいろな音が赤ちゃんを泣きやませるのに効果的です。アメリカ先住民の雨ごいのダンスみたいにリズミカルに「ヘイ！　ホー、ホー、ホー！」なんて歌って聞かせる親もいるし、霧笛に似た音やミツバチみたいな音で赤ちゃんを泣きやませる親もいます。

小児科医のウィリアム・シアーズ博士は、「頬ずり」ならぬ「首ずり」を勧めています。赤ちゃんの頭を自分の胸とあごのあいだにはさんで、声帯を赤ちゃんの頭にくっつけ、のどの奥で低くうなるような声を出すのです。

それでは、さいごに「シーッ」を上手に使うためのヒントをいくつか紹介しましょう。

●耳ざわりな雑音のほうが、雨音や心臓の鼓動音よりも効果的です。
●音をテープに録音して、いちばん効果的な音量で再生し、赤ちゃんがぐっすり眠りはじめたら徐々に音量を絞っていくとよいでしょう。
●最小の音量で最大の効果を得るには、音源を赤ちゃんの耳から三〇〜六〇センチ離れたところに置くのがベストでしょう。

●赤ちゃんがぐっすり眠ってくれるようなら、ホワイト・ノイズを出す装置を一晩じゅう使ってもかまいません。

●雑音で大人のほうがいらいらしてしまう場合は、耳栓を使いましょう！

五歳になるテサは、頭が良くて、おもしろくて、感情の豊かな、すばらしい子どもです。でも、生まれたばかりの数週間は、ハリケーンのような子でした。両親のイヴとトッドは泣き叫ぶテサをおくるみにくるみ、歩きまわり、車にのせてドライブまでしましたが、なにをやってもダメでした。

ある日の午後、テサは例によって大泣きしていましたが、イヴは来客にそなえて家を掃除しなくてはならなかったので、テサを抱いてやることができませんでした。それで、イヴはテサを泣かせたまま、掃除機のスイッチを入れました。すると、その瞬間に、テサの泣き声がぴたりとやみました。

イヴはすっとんで赤ちゃんのようすを見にいきました。テサは気持ちよさそうに眠っていました。「騒音にもかかわらず」ではなく、「騒音のおかげで」眠っていたのです！　テサが恋いこがれていた「ママのおなかの中の音」は、オンボロ掃除機によってもたらされたのでした。

それ以来、テサが大泣きするたびに、両親は掃除機のスイッチを入れてテサを泣きやませました。「この子、掃除機メーカーから秘密指令でも受けてるんじゃないの?」なんてジョークを言いながら。掃除機の効果は百パーセント確実だったので、イヴとトッドはテサがごきげんの悪くなる時間帯にわざと友人たちを招いて、「大泣きには掃除機」を実演してみせました。

それから六ヵ月間、テサを連れて仕事に出かけなければならないときは、イヴは必ずポータブル掃除機を持参しました。そうすると、テサはたっぷりお昼寝してくれるからです!

「シーッ」に関するQ&A

Ⓠ **心臓の鼓動の音と、子守唄と、「シーッ」のうちで、ごきげんの悪い赤ちゃんにはどれがいちばんよく効きますか?**

Ⓐ ごきげんの良いときならば、どれを使っても、赤ちゃんをより深いリラックス状態へいざなうことができます。けれども、赤ちゃんが大泣きしているときは、おかあさんの子宮の中で聞こえていた「シーッ」という音に似たホワイト・ノイズが最も効果的です。

Ⓠ **一日に何時間まで「シーッ」を聞かせていいですか? 一晩じゅうでは、やりすぎですか?**

Ⓐ 多くの赤ちゃんは、一晩じゅうホワイト・ノイズを聞かせておくと、より深くより長く眠ってくれます。一日に一二時間聞かせたとしても、おかあさんのおなかの中にいたときに比べれば五〇パーセント減です。ホワイト・ノイズが癖になるのでは、なんて心配はご無用です。なぜなら、生まれたとき、すでに、赤ちゃんは「シーッ」の中毒になっているからです。だって、おかあさんのおなかの中で九ヵ月間、ずっと「シーッ」を聞いていたのですからね。

Ⓠ **いつごろ「シーッ」をやめるべきでしょうか?**

Ⓐ 赤ちゃんが満三ヵ月になったころに、音量を徐々に小さくしていくケースが大半です。音があるほうが赤ちゃんがよく眠るのでもっと大きくなるまで使いつづける、というご家庭もあります。

Ⓠ **「シーッ」を聞かせすぎると効き目が薄れることはありますか？**

Ⓐ いつか赤ちゃんが「シーッ」に飽きてしまうのではないかと思われるかもしれませんが、そういうことはありません。おっぱいと同じで、何ヵ月も先まで、「シーッ」は赤ちゃんにとって安心の源です。

Ⓠ **「シーッ」は赤ちゃんには強すぎないかと心配です。赤ちゃんをむしろ驚かせている、という可能性はないのですか？**

Ⓐ つぎの三つのことを思い出してください。

①赤ちゃんは、おかあさんのおなかの中で大きな音に慣れています。

②赤ちゃんのようすを見て、それに合わせてやれば、間違いはありません。大きな音を使うのは赤ちゃんが泣き叫んでいるあいだだけにして、赤ちゃんがおちついてきたら音をだんだん小さくしていきましょう。

③新生児は、耳がよく聞こえません。大人には大きな音に聞こえても、赤ちゃんにはずっと小さな音に聞こえているのです。

ました。ただし、静かな音楽を流すのではなく、局と局のあいだの雑音が聞こえるところにチューニングするのです。いろいろやってみたところ、カミールはＡＭラジオのパチパチいう雑音は好きではなく、もっぱらＦＭファンでした！　お気に入りの雑音に周波数を合わせてやると、カミールはおだやかな表情でまぶたを閉じ、眠りの世界へはいっていくのです。

＊

スティーヴとナンシーの生後6週間になる息子チャーリーは、車でドライブするとき、ヘア・ドライヤーの音を録音したテープをかけないと泣きやまない赤ちゃんでした。でも、生後4ヵ月になるころには、ヘア・ドライヤーのテープがなくても、おとなしく車に乗っていられるようになりました。

＊

生後2ヵ月になるウィリアムは、１日に何度も大泣きするだけでなく、眠りも非常に浅くて、家の中でちょっと音がしても目をさましてしまいます。でも、両親のファーンとロバートは、部屋の換気扇をつけておくと、外からの音が消えてウィリアムがよく眠ることを発見しました。

ママ・パパの声

こんな耳ざわりな音でエリックが泣きやむとは思ってもみませんでしたが、実際やってみて、エリックの泣き声が大きければ大きいほど「シーッ」も大きくしなければならないのだ、とわかりました。それに、エリックの泣き声が小さくなってくるまで、こちらの「シーッ」も小さくしてはいけないんだ、ということも。

2分も3分も続けて「シーッ」をやっていると、こっちも頭がくらくらしてくるんですよ。でも、エリックは、2分や3分では泣きやみません。何日か2人で交代に「シーッ」をやっていたんですが、そのうちに、音楽シンセサイザーの「シュー」という音を長く伸ばすと、われわれの貧弱な肺活量の代役にちょうどぴったりだ、ということがわかりました。この音を聞かせるだけでもすごく効果があるんですが、おくるみにくるむのと揺らしてやるのを合わせると、100パーセント確実ですね。

*

パトリックは、息子のチャンスが水槽用の空気ポンプの音で泣きやむことに気づいたので、ベビーベッドの両側にひとつずつポンプを取り付けました。ポンプの音と振動のおかげでチャンスは泣きやみ、よく眠るようになりました。

*

泣きむしの娘カミールのために、わたしたちはラジオをつけ

chapter 8

第四のスイッチ——ゆらゆら

触覚、聴覚、視覚、嗅覚、味覚を五感と呼びますが、強力な「第六感」を忘れてはいけません。いえ、超能力のことではなくて、人間が太古の昔から持っている感覚、空間を漂う動きに深い満足をおぼえる感覚のことです。泣いている赤ちゃんを揺らしてあげると、この感覚が刺激されます。

リズミカルな揺れは、赤ちゃんをいい気持ちにさせる強い力を持っています。わたしたち大人にも、ブランコやハンモックや電車に揺られて気持ちよく眠りに落ちていった記憶があるはずです。

なぜ、ゆらゆら揺られることがこれほど人間をリラックスさせるのでしょう？　生まれる前、赤ちゃんがおかあさんのおなかの中で感じていた揺れに似ているからです。この揺れが耳の奥の動きを感知する部分を刺激し、鎮静反射を起こすのです。

赤ちゃんが喜ぶ「ゆらゆら」を紹介しましょう。

- ロッキング・チェア
- 上下に小さくて速い動きをするダンス
- スウィング・チェア（スウィング機能付きのベビーラックやベビーチェアのこと）
- 背中やおしりをトントンしてあげる
- ハンモック
- ベビーカー
- ドライブ
- いすの上でピョンピョンする
- 遊戯用ボールの上でピョンピョンする
- 早足の散歩

もうひとつの「ゆらゆら」――ミルク・シェイク

この方法はちょっと違和感があるかもしれませんが、すごく効果的です。

1　赤ちゃんを膝に座らせる（あなたから見て赤ちゃんが左を向いているように）。あなたの左手で赤ちゃんのあごを支える。赤ちゃんを少し前かがみにさせて、あなたの左手に赤ちゃんのあごがしっかり収まるようにする。

2　あなたの右手を赤ちゃんのおしりの下に差し入れる。

3　右手で赤ちゃんのからだを持ち上げる。赤ちゃんは前かがみになり、頭があなたの左手にすっぽり収まる姿勢になります。

4　右手を使って赤ちゃんを速く（一秒間に二〜三回）小さく（二〜五センチ程度）上下に揺らしてあげてください。ちょうど、ミルク・シェイクを作るときみたいに。

「ミルク・シェイク」のように揺らしてあげると、赤ちゃんのげっぷも出やすくなります。ついでに、あなたの上腕二頭筋もシェイプ・アップできますよ！

「ゆらゆら」のコツ

泣きむし赤ちゃんに対しては、おくるみはきっちり、「シーッ」は強く、「ゆらゆら」は速く小刻みに、がポイントです。前にも説明しましたが、「ゆらゆら」には、赤ちゃんの背中をトントンすることから、車でのドライブ、上下にピョンピョンさせることまで、あらゆるリズミカルな動きが含まれます。

「ゆらゆら」を上手にやるには、三つのルールがあります。

1 最初は速く小刻みに

大泣きしている赤ちゃんをおとなしくさせるには、世界一激しい身震いに襲われた人のように小さくぶるぶる震える動きが必要です。こういう動きは鎮静反射を喚起するので、赤ちゃんは「うわぁ、すっごくいい気持ち！」と思うわけです。

なかには、ママやパパが急に抱いている手を下げたり腰をかがめたりして落下の感覚を演出してあげると喜ぶ赤ちゃんもいます。でも、気をつけてください。敏感な赤ちゃんの場合、この動きでモロー反射が起こって、かえって一層大泣きすることになりかねません。

2 からだより頭を揺らす

赤ちゃんは、揺らしてもらうと頭の中の「揺りかごセンサー」が働いて、その結果、鎮静反射が起こります。したがって、からだではなく、センサーがある頭を揺らしてあげるのがポイントです。

赤ちゃんを揺らすとき、頭をぎゅっと持ってはいけません。赤ちゃんの頭を支えている手は軽く開いて力を抜き、赤ちゃんの頭が小刻みに揺れるようにしてください。そう、ゼリーがプルプル揺れるような感じです。赤ちゃんの頭をぎゅっと持ってしまうと、この「プルプル」がうまくいかなくて、鎮静反射を起こすことができません。

〈監修者からのアドバイス〉「ゆらゆら」は心地よい振動を与える揺らし方と考えてください。赤ちゃんの首はまだ座っていませんので、むち打ちのようにからだと頭がばらばらに動くほど強く揺すってはいけません。

3 赤ちゃんの泣き方に合わせる

どのくらいの強さで揺らしたらいいのでしょう？　それは、赤ちゃんの泣き方に合わせてください。うとうとしている赤ちゃんの場合はやさしく揺らしてあげればいいのですが、赤ちゃんが興奮していればいるほど速く小刻みに揺らしてあげる必要があります。赤ちゃんの泣き声がおさまってくるまで、揺らし方をゆるめないでください。赤ちゃんがおちついてきたら、少しゆっくりにしてもだいじょうぶです。

「揺さぶられっ子症候群」にはなりませんか？

三人以上の赤ちゃんを育てたおかあさんなら、赤ちゃんを泣きやませるには上下にピョンピョンさせてやるのがいちばん早い、ということを知っているはずです。それに、育児疲れでフラフラの親が泣きやまない赤ちゃんを車に乗せてドライブするよりは、揺らしてあげたほうがずっと安全です。でも、新米のママやパパには、赤ちゃんを揺らすというのはどうしても不自然な感じがするようです。わたしが赤ちゃんを揺らすテクニックを教えると、みんな不安そうにたずねるのです。「ずっと昔から皆がやってきたことだとは知っているのですが、ほんとうに、『揺さぶられっ子症候群』になる心配はないのですか?」

答えは、「ノー! ノー! ノー!」です。

「揺さぶられっ子症候群」は恐ろしい児童虐待であり、赤ちゃんのからだにはベッドや大人の腕から落ちたとき以上の力が加わります。赤ちゃんの頭が前後にむち打つように揺すられるので、「乳幼児むちうち症候群」とも呼ばれます。赤ちゃんは、激しく揺さぶられると頭蓋骨の下の細かい血管が切れて出血し、脳に障害が出ます。

この章で紹介している「ゆらゆら」は、次の二つの重要な点で、「揺さぶられっ子症候群」を起こす激しい揺さぶりとは根本的に違います。

- 「ゆらゆら」の動きは、速いけれども小刻みです。赤ちゃんの頭がぐらぐら振り回されるようなことはありません。せいぜい五センチ程度の幅で揺れるだけです。
- 「ゆらゆら」は、赤ちゃんの頭が常にからだと一直線に保たれているよう配慮した揺らし方です。からだが一方へ動き、頭が急激に反対方向へ動く、といったむち打ちの揺さぶり方とは違います。

「ゆらゆら」は、むしろ、「揺さぶられっ子症候群」を予防する効果がある、と、わたしは確信しています。「ゆらゆら」をしてあげると赤ちゃんは短時間のうちに泣きやむので、親は暴力的な対応に走るほど追いつめられなくてすむからです。

とはいえ、どんなにすばらしい育児のコツやアドバイスに助けられても、子育て中はいらいらすることや、うまくいかないことがあるでしょう。ですから、とても重要なことを注意しておきます。腹が立っているときは、絶対に「ゆらゆら」をしないでください。もちろん、赤ちゃんを揺さぶったりしては、いけません。

もうがまんできないと思ったら、どうか、まず赤ちゃんをベッドに寝かせて（泣いていてもかまいません）、おかあさん自身が少し休んでください。そして、遠慮せずに夫や家族や友人や育児相談ホットラインに電話をしてください。

くたくたに疲れた日にとっておきの「ゆらゆら」

一日じゅう赤ちゃんの世話で疲れてしまったときに使える、とっておきの方法を二つ紹介しましょう。一つは泣きわめいている赤ちゃんによく効く「ワイパー」、もう一つは泣きやんだ赤ちゃんをおとなしくさせておくスウィング・チェアです。

ワイパー

これは「五つのスイッチ」を完ぺきに組み合わせた方法で、赤ちゃんを泣きやませるのに絶大な威力を発揮します。わたしも、鎮静反射を促したいときには、この方法をよく使います。初めのうちは少しややこしく感じられるかもしれませんが、あきらめないで。五～一〇回もやれば、赤ちゃんに泣かれてへとへとに疲れた日にもってこいの方法だということがわかってもらえると思います。

1　赤ちゃんの両腕をおくるみできっちりくるみます（第一のスイッチ）。

2　おかあさんは、座りやすいいすに浅めに腰かけましょう。足の裏が床にしっかりつくように。

3 おかあさんは、左右の膝をくっつけます。足と足のあいだは、一〇センチくらい開けます。

4 赤ちゃんの右側を下にして、おかあさんのふとももののあいだにすっぽりはまるように寝かせ（第二のスイッチ）、膝のあたりに左手を上向きに広げて赤ちゃんの頭を受けます。赤ちゃんの背が高い場合、あるいはおかあさんが小柄な場合は、赤ちゃんを少しおかあさんのほうへ引き寄せて、赤ちゃんの足首がおかあさんの左腰に来るようにしてください。

5 おかあさんの右手を赤ちゃんの頭の下にすべりこませ、右手と左手が少し重なるようにして、軽く広げた両手の中に赤ちゃんの頭をのせます。

6 肩の力を抜き、深呼吸して、からだをリラックスさせましょう。

7 赤ちゃんを少しうつぶせぎみになるように傾けます。完全にうつぶせにしてもいいです。赤ちゃんのおなかがおかあさんの左腕かふとももに押しつけられるように。間違っても、ここで赤ちゃんをあおむけにしてはいけません。

8 赤ちゃんの上にかがみこみ、耳もとで「シーッ」と大きな声を出します（第三のスイッチ）。「シーッ」は、赤ちゃんの泣き声に負けないくらい大きな音で。

9 両膝を自動車のワイパーのように左右に揺らします（第四のスイッチ）。赤ちゃんが激しく泣いているときは、揺らすスピードを速く（一秒間に二～三回）、幅を小さく（二～三センチ）します。赤ちゃんがおちついてきたら、徐々にスピードを落としていきましょう。

10 おかあさんの手がちょうどいい位置にあれば、左手の親指は赤ちゃんの口もとにあるはずです。清潔にした指を赤ちゃんに吸わせてあげましょう（第五のスイッチ）。親指では太すぎる？ 心配はありません。赤ちゃんが泣いているとき、口がどんなに大きく開いているか、知っているでしょう？ 指よりもおしゃぶりを使うほうが良ければ、それもかまいません。

「ワイパー」簡単バージョン

「ワイパー」を完全にマスターするまで、こちらの簡単バージョンをやってみましょう。

1 赤ちゃんをおくるみにくるみ、ゆりかごかベビーベッドに横向きに寝かせて、ぐらぐらしないように固定します。

2 ゆりかご（ベビーベッド）の横、赤ちゃんの頭に近い部分をつかんで細かく揺らします。

寒くてガタガタ震えているような感じで。赤ちゃんの頭がゼリーみたいにプルプル揺れるように。

3　大きな声で「シーッ」と言うか、ホワイト・ノイズを流します。

こうすれば、赤ちゃんは二〇〜三〇秒で泣きやむはずです。静かになったら、あおむけに寝かせてあげましょう。

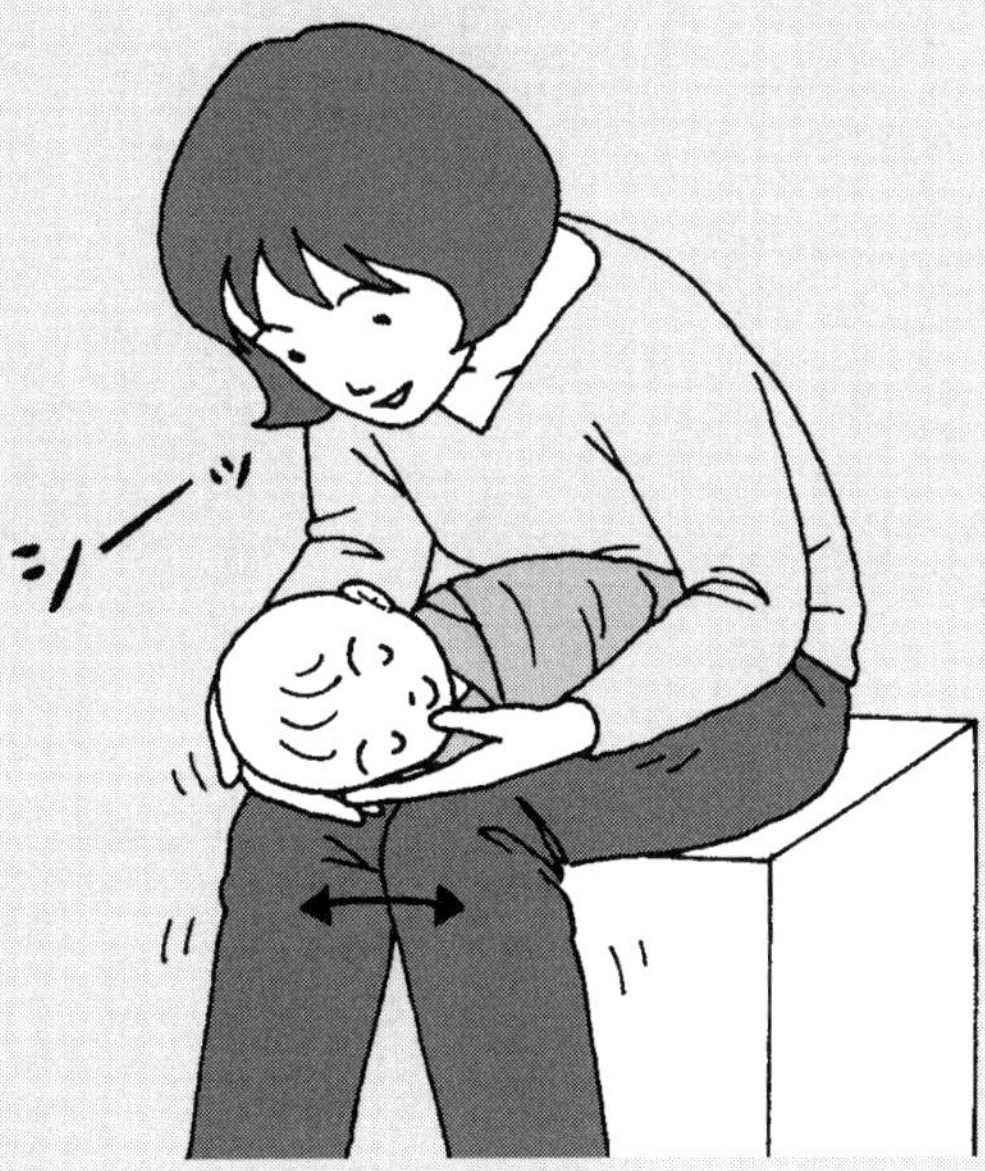

スウィング・チェア

残念ながら、スウィング・チェア（スウィング機能付きのベビーラックやベビーチェアのこと）の使用をためらうママやパパがいます。「動きが速すぎる」「赤ちゃんの背中に悪い」「赤ちゃんが吐く」「癖になる」「もっと大きい赤ちゃん用に作られたものだ」といった根拠のない話に影響されてしまうのです。

もちろん、子どもに有害なことや成長の妨げになることは避けたいと思うのが親心でしょう。でも、思い出してください。赤ちゃんは、子宮の中で、ずっと揺すられていたのです。だから、一日八時間スウィング・チェアで揺られて過ごしたとしても、悪い癖をつけるどころか、おかあさんのおなかから出されてしまったショックに比べたらほんの小さな埋め合わせにすぎないのです。大多数の赤ちゃんは、生後三〜四ヵ月になれば、スウィング・チェアなど必要なくなります。五ヵ月になってもスウィング・チェアがやめられなかった赤ちゃんは、見たことがありません。

お友だちや親類の中にもスウィング・チェアに批判的な人がいて、「赤ちゃんはおかあさんが抱いて育てるものですよ、機械まかせにするんじゃなくて！」とか、「スウィング・チェアというより手抜き用の道具と呼ぶべきだわ！」なんて声が聞こえるかもしれません。そんなのは、みんな、ばかげたコメントです。スウィング・チェアを使わないからりっぱな親だと言うのは、電動式缶切り機を使わないからりっぱなコックさんだと言うのと同じです。昔の親たちには、育児に手を貸してくれる親類縁者たちがたくさんいました。でも、今日の核家族では、親がほんのちょっとシャワーを浴びるあいだ、トイレへ行くあいだ、あるいは腰を下ろして一休みするあいだ、親切なご近所さんの代わりにスウィング・チェアに赤ちゃんを預けるだけです。

スウィング・チェアの上手な使い方

赤ちゃんを泣きやませるテクニックにコツがあるように、スウィング・チェアの使い方にもコツがあります。

1　**早い時期から使いはじめましょう**——生後三週間からでも早すぎることはありません。赤ちゃんは、おかあさんのおなかの中で何ヵ月も揺られていたのですから（病弱な赤ちゃんや未熟児で生まれた赤ちゃんの場合は、お医者さんに相談してください）。

2

泣き叫んでいるあいだはのせないで——スウィング・チェアは、赤ちゃんを泣きやませることにはあまり向いていません。けれども、赤ちゃんがいったん泣きやんだあと、おとなしく眠りにつかせるには、とても効果があります。だから、赤ちゃんを泣きやませてから、スウィング・チェアにのせるようにしてください。

3

赤ちゃんの両腕を自由にさせないで——おくるみにくるんでスウィング・チェアにのせると、赤ちゃんは早くおとなしくなり、長いあいだおとなしくしています。ただし、赤ちゃんがおとなしくしていても、スウィング・チェアの安全ガードやベルトをおくるみの上から赤ちゃんの両足のあいだにしっかりと固定してください。

4

背もたれはできるだけ倒して——背もたれが立っていると、赤ちゃんが首を支えられない場合があります。背もたれを最大に倒して使うか、あるいはゆりかご用アタッチメントをつけて使用してください。

5

再び泣き出したら、二〇秒ほど揺らして——スウィング・チェアにのせたあと赤ちゃんが再びぐずりだすことは、よくあります。前にも書きましたが、鎮静反射を起こさせるには速く小刻みに揺することが必要です。そこで、赤ちゃんが再び泣き出したら、スウィング・チェアの背もたれをつかんで、一秒間に二〜三回、幅二〜三センチで小刻みに揺らしてあげてください。赤ちゃんは二〇秒以内に泣きやむはずです。

6 いちばん速いスピードで

いちばん速いスピードで――ぐっすり眠っているのでない限り、遅いスピードで揺らしても、赤ちゃんは深くリラックスした状態にはなりません。ぐずりやすい赤ちゃんは、速いスピードで揺らしたときがいちばんおちつきます。その状態で一晩じゅう眠る赤ちゃんも、たくさんいます。あなたの赤ちゃんにはどのスピードがいちばん合っているか、いろいろ試してみてください。

7 同時に「シーッ」を大きな音で

同時に「シーッ」を大きな音で――赤ちゃんの頭から三〇〜六〇センチ離して、ホワイト・ノイズを大きな音量で流しましょう。赤ちゃんがぐっすり眠りこんで、音を小さくしても目をさまさないようならば、音量をしぼってもだいじょうぶです。

8 慣れるのが何より

慣れるのが何より――「五つのスイッチ」のどれについても言えることですが、

スウィング・チェアで何回かいい気持ちになれば、赤ちゃんはそのうちにスウィング・チェアにのせてもらっただけでごきげんになるはずです。

サンディは膝の上でハリエットを泣きやませたのですが、スウィング・チェアに移したとたん、ハリエットはまた大声で泣き出しました。大泣きしている赤ちゃんを刺激しすぎてはいけないと教わっていたので、サンディはスウィング・チェアをいちばん遅いスピードで使っていました。でも、これでは動きがやさしすぎて、かんしゃく玉のハリエットをおとなしくさせておくことはできません。

サンディは、やり方を変えてみることにしました。おくるみとヘア・ドライヤーでハリエットをいったん泣きやませたあと、急いでスウィング・チェアにのせて、何秒間か手で揺らしました。ハリエットがおちついたところで、サンディはスウィングを最大のスピードにセットしました。すると、見る間に、何もかもがうまく運びはじめました。ハリエットは簡単に泣きやむようになり、スウィング・チェアは毎回ちゃんと効果を発揮するようになりました。

Q&A

「ゆらゆら」に関するQ&A

Ⓠ **スウィング・チェアが赤ちゃんの足、腰、背中に有害な影響を及ぼすことはありますか？**

Ⓐ ありません。子宮の中で、赤ちゃんはプレッツェルのような形に手足を折り曲げていたのです。赤ちゃんのからだは信じられないほど柔軟なので、スウィング・チェアにのせても足や腰や背中のことを心配する必要はありません。

Ⓠ **スウィング・チェアにのせているとき、赤ちゃんの首が下を向きすぎる格好になるのが心配です。**

Ⓐ 背もたれを後ろへいっぱいに倒して使ってください。赤ちゃんの首が下を向くような状態ではいけません。とくに、未熟児や病弱児の場合、呼吸が苦しくなる可能性があります。

Ⓠ **ミルクを飲ませた直後に揺らすのは避けたほうがいいでしょうか？**

Ⓐ 意外かもしれませんが、揺らしても赤ちゃんの溢乳がふだんより多くなることはありません。むしろ、泣かせないようにすることによって、赤ちゃんが吐く可能性は少なくなるかもしれません。上下にピョンピョンさせてあげれば、気泡の上昇を促してげっぷが出やすくなります。

Ⓠ スウィング・チェアやワイパーのせいで赤ちゃんがめまいや吐き気をもよおす可能性はありますか？

Ⓐ ありません。小刻みに揺らす動作によって脳内の吐き気をもよおす中枢が刺激されることはありません。めまいや吐き気は、曲がりくねった山道をドライブするときのように、幅の広い揺れによって引き起こされます。小刻みな揺れは、ぐずっている赤ちゃんの気分を良くすることはあっても、悪くすることはありません。

Ⓠ スウィング・チェアを使いすぎると、赤ちゃんは飽きるでしょうか？

Ⓐ おしゃぶりが好きな赤ちゃんもいれば、「シーッ」がないと泣きやまない赤ちゃんもいるし、スウィング・チェアにのせてもらえばごきげんという赤ちゃんもいます。さいわいなことに、赤ちゃんは、好きなものに飽きることがありません。ミルクや抱っこやスウィング・チェアに飽きる赤ちゃんなんて、いないのです。

Ⓠ 速いスピードで揺らしているのに赤ちゃんがますますひどく泣いたら、どうすればいいですか？

Ⓐ 赤ちゃんは、揺らしてあげても数分間ほど泣きつづける場合があります。気持ちのいいことをしてもらっているとわかるまで、少し時間がかかるのです。でも、赤ちゃんがちっとも泣

きやまないようならば、あなたのテクニックをもういちどチェックしてみてください。速く小刻みに揺らしていますか？　大きな音で「シーッ」を聞かせていますか？　おくるみで両腕をきっちりくるんでいますか？　膝や腕に抱くとき、赤ちゃんを横向きかうつぶせにしていますか？

りくるむこと」と「ゼリーのようにプルプル揺らすこと」だとわかってきました。そんなにごきげんが悪くないときはやさしいリズムでもだいじょうぶですが、泣きわめいているときは地震みたいに揺らしてやらないと効きません。でも、そうしてやると、まもなくカイルは大きなため息をついて、全身の緊張がほぐれてくるのです。わたしは、すごくりっぱなおかあさんになったような気がしました！　生後4ヵ月には、カイルはごきげんのいい、かわいらしい赤ちゃんになりました。そして、おくるみも、「ゆらゆら」も、「ゼリープルプル」も要らなくなりました。

＊

　ノアが泣き出したので、デイヴィッドはノアを肩に抱いて背中を軽くたたき、げっぷが出るようにしてあげました。でも、ノアは泣きやみません。

　イライラからか、あるいは本能からか、デイヴィッドはノアの背中をもう少し強くトントンしました。おわんの形に丸めた手のひらで1秒に2回、タムタム・ドラムのように。すると、いきなりノアが静かになり、パパの腕にすなおに抱かれて、数分後には眠ってしまいました。「あんなに強くトントンしてもらうのが好きだなんて、驚きました。でも、ノアがあっという間にすっかりリラックスしたので、これが正解なんだとわかりました」

ママ・パパの声

カイルが生後5週間のころ、何時間も声を限りに泣きわめいてどうにもならない時期がありました。その日もカイルはさんざん泣いて、ドクター・カープが到着するほんのちょっと前に、ようやく眠りました。でも、ドクターが胸に聴診器を当てたとたん、カイルはまた大声で泣きわめきはじめました。

ドクター・カープは泣き叫んでいるカイルを器用におくるみにくるみ、小刻みに揺らして、ものの1分もたたないうちに寝かしつけてしまいました。あれには、ほんと、驚きました。カイルは、さっきまで大泣きしていたのがウソみたいに、ドクターの膝の上でおとなしくしているんですから。

ジョンとわたしもドクターからテクニックを教わりましたが、やっぱり自信がなくて、ためらっていました。そのうちに、わたしの母が助っ人に来てくれました。母はカイルをおくるみにきっちりくるみ、自分の膝の上で横向きに寝かせ、カイルの頭を両手で抱くように支えて、大きな声で「シーッ」と言いながら、カイルを揺らしました。両膝を前後に小さく揺らして、両手でゆるく抱いているカイルの頭がゼリーみたいにプルプル振動するようにしたのです。最初、カイルはいやがりました。おくるみをはねのけようとして、前より大泣きしました。でも、3～4分たったら静かになり、15分後にはぐっすり眠ってしまいました！

わたしも、練習を重ねるうちにだんだん自信が出てきました。練習すればするほど、カイルを泣きやませる決め手は「きっち

chapter 9

第五のスイッチ――おしゃぶり

「五つのスイッチ」が五段重ねのケーキだとしたら、おしゃぶりはケーキのいちばん上の飾りです。最後の甘〜い一押しで、赤ちゃんはおちつき、リラックスして、眠りに落ちていきます。

生まれ落ちた赤ちゃんが生きていけるかどうかは、おっぱいを吸う力にかかっています。役者がリハーサルをくりかえすように、赤ちゃんは生まれるずっと前から指をしゃぶる練習をしています（胎児の超音波写真を見ると、出産予定日より三ヵ月も前から指をしゃぶっているのがわかります）。おなかの中にいたときは、手が口のすぐ近くにたたまれていたので、指しゃぶりは簡単でした。また、生後四ヵ月くらいになると、自分の親指を口もとへ持っていくのに必要な筋肉のコントロールが可能になるので、赤ちゃんは簡単に指しゃぶりができるようになります。

けれども、誕生直後から三ヵ月までのあいだ、赤ちゃんは指しゃぶりができません。

生まれてまもない赤ちゃんにとって、自分の指を自分の口へ持っていき、そのまましばらく口の中へ入れておくことは、とほうもなく難しい芸当です。どんなに一所懸命やろうとしても、筋肉の動きを協調させることができず、指を口へ持っていけないのです。

赤ちゃんは、なぜ、おしゃぶりが好きなのでしょう? おしゃぶりで赤ちゃんがとってもいい気持ちになるのには、次の二つの理由があります。

1 おなかが満たされるからです

食べることのきらいな人なんて、いませんよね? 赤ちゃんもおっぱいが大好きで、一日に八回から一二回もおっぱいが欲しくなります。赤ちゃんにとって、おしゃぶりは満腹感をもたらしてくれる快楽なのです。

2 鎮静反射が働くからです

おしゃぶりには、おなかを満たすためのおしゃぶりと、心をおちつかせるためのおしゃぶりがあります。おなかがすいているとき、赤ちゃんはおしゃぶりをくわえさせても、少し吸っただけで不満を訴えて泣き出します。でも、心のおちつくものがほしいだけのときならば、おしゃぶりで長い時間満足してくれるはずです。

赤ちゃんの指しゃぶりが健康に問題ないことは、多くの研究によって証明されています。指しゃぶりには、ストレスを緩和し痛みをやわらげる物質の脳内分泌を促す働きがあります。さらに、おしゃぶりを吸う未熟児は成長が早いこと、月満ちて生まれた赤ちゃんでもおしゃぶりをしゃぶる赤ちゃんはＳＩＤＳ（乳幼児突然死症候群）の確率が低いこと、を指摘する研究者もいます。

スタンリーが生後七週間になったころ、おっぱいの飲み方がおかしくなりました。それまではとてもうれしそうに飲んでいたのに、いまでは一〇分ほど飲むと乳首を放したりなめたりして、ミルクの飲み方を忘れてしまったみたいです。それに、おかあさんの腕から出たいみたいに、背中を反らせて泣き声を上げるのです。でも、ほんとうに抱っこをやめてほしいのではないらしく、ベッドに寝かせると、一層激しく泣き叫びます。

両親のマリアとビルは、スタンリーを揺らしたりおくるみでくるんだりしましたが、ほんとうに大泣きしているときは、スタンリーはものの数秒でおくるみから手を出してしまいます。マリアは、自分の母乳が悪くなったのか、それとも母乳が出なくなったのか、と悩みました。

さいわい、原因はそれほど難しい問題ではありませんでした。マリアの母乳は、たっぷり出ていました。むしろ、出すぎだったのです。しばらく母乳を飲んでおなかいっぱいになったスタンリーが、そのあと遊びで乳首を吸っているのに、マリアの乳首からはなお母乳がたくさん出るので、スタンリーはむせそうになって乳首を放すのですが、ほんとうはもっと乳首を吸っていたいので、いらいらして泣いていたのです。マリアとビルが授乳のおわりにおしゃぶりをくわえさせるようにしたところ、スタンリーはふたたび天使のような赤ちゃんに戻りました。

おしゃぶりの上手な使い方

何千年も昔から、おしゃぶりの欲求を満たしてあげるために、おかあさんたちは赤ちゃんにおっぱいを与えてきました。それが負担にならないおかあさんもいますが、負担になるおかあさんもいるでしょう。ありがたいことに、いまは「おしゃぶり」というよくできた代用品があります。

おしゃぶりの使い方には、ちょっとしたコツがあります。次のような工夫をすれば、おしゃぶりがいっそう効果を発揮するでしょう。

いろいろなタイプを試してみましょう——わたしの経験では、どの形のおしゃぶりがとくに優れている、ということはありません。赤ちゃんのいちばん好きなおしゃぶりが、その子にとっていちばんいい形のおしゃぶりです。

無理強いはやめましょう——泣いている赤ちゃんの口におしゃぶりを入れてみるのはかまいませんが、赤ちゃんがいやがったら無理強いはしないように。まず他の「スイッチ」を使って赤ちゃんを泣きやませてから、おしゃぶりを使いましょう。

おしゃぶりをくわえさせるコツは逆心理——赤ちゃんにおしゃぶりをくわえておくことを教えるのに、これ以上うまい方法はありません。赤ちゃんのごきげんがいいときに、おしゃぶりを口に入れてあげます。赤ちゃんが吸いついた瞬間に、おしゃぶりを取り上げるみたいに軽く引っぱってやります（ほんとうに口から出てしまうほど強く引っぱってはダメです）。おしゃぶりを引っぱられると、赤ちゃんは反射的にもっと強く吸おうとします。赤ちゃんにおしゃぶりをくわえさせるたびに、「少し吸わせて、軽く引っぱる」を一〇〜二〇回くりかえすと、赤ちゃんは自然に抵抗して、そのうちにおしゃぶりをしっかりくわえておくことをおぼえます。

おしゃぶりで失敗しないために

おしゃぶりを使うと赤ちゃんに悪い癖がつくのではないかと心配するパパ、ママ、おじいちゃん、おばあちゃんがいますが、本当のところ、おしゃぶりは赤ちゃんがひとりでおとなしくしていられるようになるまでのあいだ、赤ちゃんの心をおちつかせるための道具にすぎません。ただし、おしゃぶりで起こりうる問題が六つあるので、注意しておきましょう。

1 乳首とおしゃぶりの混乱――母乳を上手に吸えるようになる前にゴムの乳首やおしゃぶりを与えられると、赤ちゃんによっては混乱する場合があります。ゴムの乳首は本物の乳首を吸うより楽なので、赤ちゃんの吸い方がいいかげんになったり乳首を噛んだりする癖がつく場合があります。

おしゃぶりは生まれたその日から使ってもかまいませんが、赤ちゃんが母乳を吸うのに何か問題が出るようであれば、おしゃぶりの使用はしばらくやめる覚悟が必要です。哺乳びんも、生後二週間を経過して赤ちゃんが母乳をしっかり吸えるようになるまでは、使わないほうがいいでしょう。そのあとは、毎日哺乳びんを使ってもかまいません。ほとんどの人が哺乳びんに母乳や水や砂糖水などを入れて赤ちゃんに飲ませています。

哺乳びんは、生後一～二ヵ月になる前に使いはじめたほうがいいでしょう。それ以降になると、赤ちゃんが人工の乳首をいやがって受けつけないことがあります。

2 化学物質——黄色いゴム製のおしゃぶりではなく、透明なシリコン製のおしゃぶりを使ってください。ゴム製のおしゃぶりは使っているうちにべとべとになり、劣化してきます。その際に、好ましくない化学物質が溶け出す可能性があります。

3 甘くしないで——赤ちゃんがおしゃぶりをよく吸うようにと、甘いシロップを塗るようなことはしないでください。ハチミツ、メープル・シロップ、コーン・シロップのような甘味料は、赤ちゃんの場合、乳児ボツリヌス症になる危険があります。

4 清潔に――買ってきたおしゃぶりは、石鹸とお湯でよく洗ってください。床に落としたときは、すすいでください。床に落とさなくても、日に何度かすすぎ洗いをしてください。おしゃぶりを清潔にする目的で大人がなめてはいけません。大人の唾液から風邪、ヘルペス、その他の病気がうつる危険があります。

5 ひもはつけないで――おしゃぶりにひもをつけて赤ちゃんの首にかけることは、絶対にしてはいけません。ひもやリボンが赤ちゃんの手に巻きついて、血の流れが止まることがあります。首にからまれば、窒息します。

6 やめどき――赤ちゃんが生後四～五ヵ月になったら、わたしはおしゃぶりの使用をやめるよう勧めています。そのころになれば、赤ちゃんは自分の指をしゃぶることができますし、他に心をおちつかせる手段もいろいろ可能になります。六ヵ月以降になると、赤ちゃんがおしゃぶりに情緒的に頼るようになるので（テディベアや安心毛布と同じです）、やめさせるのが難しくなります。

「おしゃぶり」に関するQ&A

Ⓠ 赤ちゃんがおっぱいを欲しがっているのか、ただおしゃぶりが欲しいだけなのか、どうやったら見分けられますか?

Ⓐ 赤ちゃんのほっぺを触ってみてください。赤ちゃんが顔をそっちへ向けて口を開け、乳首を探し求めるしぐさをするようならば、おっぱいを欲しがっています。また、おしゃぶりをくわえさせたとき、いったん泣きやんでもすぐにまた泣き出すようならば、おなかがすいているのです。

Ⓠ おしゃぶりをしゃぶらせると、授乳時間が短くなりますか?

Ⓐ おしゃぶりと乳首では赤ちゃんの吸い方が違うので、おしゃぶりをくわえさせるのは、生後一〜二週間ようすを見て赤ちゃんが母乳を上手に飲めるようになってからにしましょう。その時点であれば、おしゃぶりを使うことによって赤ちゃんの大泣きが少なくなり、おかあさんもノンストップの授乳から少しは解放されるので、母乳育児を続けていくうえで好影響を及ぼすと思います。

Ⓠ おしゃぶりが原因で耳炎が起こることはありますか?

Ⓐ おしゃぶりを使っている赤ちゃんに耳炎が多い、という研究報告がいくつかあります。これは、おそらく、おしゃぶりを強く吸うことによって耳の中の圧力に影響が出るためと思われます。ただ、新生児の場合は吸う力があまり強くないので、耳の中にそれほど強い圧力が生じることはありません。したがって、生後四ヵ月までは、あまり気にする必要はないでしょう。

Ⓠ **おしゃぶりはSIDS（乳幼児突然死症候群）を防ぐ効果がありますか？**

Ⓐ 研究報告を見るかぎり、おしゃぶりを使う赤ちゃんのあいだで突然死の症例が少ないことが一貫して指摘されています。ただ、どのような理由でそういう傾向が生じているのか現時点でははっきりしないので、アメリカ小児科学会は、研究報告だけからおしゃぶりが赤ちゃんの突然死防止に効果的であるという結論を導くことはできない、としています。

Ⓠ **いつも眠るときにおしゃぶりをくわえさせていると、癖になりますか？**

Ⓐ そんなことはありません！　根拠のない俗説です。たとえば、生後五ヵ月になるまで毎晩おしゃぶりをくわえて眠り、昼間も何時間かおしゃぶりを吸っていた赤ちゃんでも、たった三日でおしゃぶりの使用を一日二分に減らすことができます。

ただし、前にも書いたように、生後五〜六ヵ月を過ぎると、赤ちゃんはおしゃぶりに情緒的な愛着を抱くようになります。それからでもおしゃぶりをやめさせることは不可能ではありませんが、苦労するケースが多いようです。

Ⓠ **指しゃぶりがそんなにだいじなら、赤ちゃんをおくるみでくるむとき両手を出したほうが良いのでは？**

Ⓐ おとなしい赤ちゃんは、両手を出しておいてもだいじょうぶです。でも、泣きむし赤ちゃんは、指をしゃぶろうとして間違って自分の顔をたたいて泣き出してしまうようなことになりかねません。こういう赤ちゃんにとっては、両手が自由になっていると、いらいらがひどくなるばかりです。赤ちゃんが大泣きしているときには、おくるみにくるんだうえでおしゃぶりをくわえさせてやるほうが、ずっとうまくいきます。おくるみにくるまれていたほうが腕がバタバタせず、おちついておしゃぶりできるからです。

Ⓠ **しょっちゅうおっぱいをあげると、赤ちゃんが甘えん坊になったりコリックがひどくなったりするでしょうか？**

Ⓐ あまりたびたびおっぱいを飲ませすぎると赤ちゃんが腹痛を起こしやすい、と聞かされている人が少なくないようですね。ヴァレリーとデイヴィッドの例を紹介しましょう。

「娘のクリスティーナは、泣き叫ぶたびにおっぱいをあげないとおとなしくなりません。夫は、泣くたびにおっぱいをあげるからクリスティーナがコリックになるのだ、と、わたしを責めます。友人たちは、そんなにしょっちゅうおっぱいをあげると赤ちゃんが甘えん坊になる、と言います。どうすればいいの？」

ヴァレリーからこの相談を受けたとき、わたしはまず最初に、「赤ちゃんを泣きやませる方法があって、良かったじゃないですか」と言ってあげました。つぎに、実質的に胎児と同じような状態の新生児を甘えん坊にしてしまうなんてあり得ないこと、を説明しました。それから、おっぱいの量が十分足りているかどうか主治医に確かめてごらんなさい、とアドバイスしました。

とはいえ、この三点を指摘しつつも、わたしは何となくヴァレリーがひとつ重要な間違いをしているような気がしていました。「手持ちの道具がトンカチしかないと、何もかもがクギに見えてくる」ということわざをご存じでしょうか？　わたしは、クリスティーナを泣きやませる道具としてヴァレリーが「おっぱい」しか持ちあわせていないことが気になり、赤ちゃんを泣きやませる方法を「おっぱい」以外にもマスターしたほうがいい、と考えました。そこで、わたしは、ヴァレリーとデイヴィッドに「五つのスイッチ」の残り四つを教えてあげました。

赤ちゃんがおっぱい以外では泣きやまないとなると、パパは出る幕がなくて淋しい思いをします。だから、パパはおっぱい以外の「スイッチ」の習得にはとくに熱心です。赤ちゃんをすばやく泣きやませるコツを身につけると、パパたちも育児に自信が出てくるようです。

Ⓠ

一晩じゅう赤ちゃんにおっぱいを吸わせておくと、わたし自身もよく眠れるし、とても楽です。添い寝をすると、何か害はありますか？

Ⓐ

添い寝は、ずっと昔から世界じゅうでおこなわれてきた習慣です。赤ちゃんにおっぱいを飲ませながら添い寝をするのは、女性に与えられた至福の時間ではないかと思います。すぐそばに寝ていれば、赤ちゃんがしょっちゅうおっぱいを欲しがるのは自然なことです。でも、決めるのはおかあさんです。赤ちゃんが欲しがるままにおっぱいをあげてもいいし、おっぱい以外の方法で赤ちゃんをあやしてもかまいません。これに関しては、何が正しくて何が間違っているということはありません。おかあさんが決めればいいのです。ただし、添い寝をするときには、次のことに気をつけてください。

●枕や毛布を近くに置かないこと。ウォーターベッドを使わないこと。赤ちゃんがベッドから落っこちたり、ヘッドボードや壁とマットレスのあいだにはさまらないよう注意すること（おくるみでくるんでおくと、赤ちゃんが危ない場所へ動いていってしまうのを防ぐことができます）。

●おかあさんは十分に眠れていますか？　添い寝のせいでおかあさんが寝不足で病気になったり、自動車の運転に支障が出るようでは、赤ちゃんのためにもよくありません。

●赤ちゃんの歯が生えはじめたら、三〇分以上もだらだら授乳していると虫歯になりやすいので気をつけてください。

Ⓠ わたしの家系には、指しゃぶりの癖のある者がたくさんいます。赤ちゃんにおしゃぶりを与えれば、その後に指しゃぶりの癖をつけなくてすむでしょうか？それとも、むしろ、指しゃぶりをしやすくなりますか？

Ⓐ 赤ちゃんの中には、指しゃぶりが好きで好きでやめられない、という子もいます。でも、それは、ひどく未熟だとか、甘えん坊だとか、心が不安定だとか、親がだらしないとかいうことではありません。わたしの経験では、指しゃぶりやおしゃぶりがなかなかやめられないケースの大多数は単純に遺伝的特性であって、瞳の色やえくぼの有無と同じことです。つまり、「親のせいだ」と思っておけばいいことです！

おしゃぶりを使えば、指しゃぶりを防げます——確実に。だって、おしゃぶりと親指を同時に口に入れることは、どう考えても無理ですから。でも、わたしの経験から言えば、指しゃぶりにしろ、おしゃぶりにしろ、卒業できる時期に違いはありません。

スティーヴンとケリーから電話があったとき、わたしは「逆心理」のことを教えてあげました。１週間後に再び電話をくれたケリーは、困っていたことがいとも簡単に解決したので驚いていました。「おかしなものですよね。イアンにおしゃぶりをくわえさせておくのに一番いい方法はおしゃぶりを口に押しこんでやることだと思っていたのに、まるで逆の方法でうまくいったなんて！」

＊

口に入れてもらったものを何でもおしゃぶりする赤ちゃんもいますが、一方で、なかなか好みのうるさいグルメな赤ちゃんもいます。たとえば、生後2ヵ月のリアムは、おしゃぶりもダメ、自分の指もダメ、哺乳びんもダメで、ママのひとさし指しかしゃぶらない、という赤ちゃんでした！

ママ・パパの声

アニーとマイケルは、息子のライランが大泣きすると、気が気ではありません。ライランは心臓に問題があって、激しい活動は危険なのです。そのため、アニーはライランを抱いて何時間もアパートの周辺を歩きまわり、とうとう背中を傷めて抱っこができなくなってしまいました。

それでもアニーは、できればライランにおしゃぶりを与えたくないと思っていました。「悪い癖をつけたくなかったのです。あとになって直すのがたいへんだから」。でも、結局どうしようもなくなって、アニーは不本意ながらおしゃぶりを使うことにしました。「驚きました！　おしゃぶりは、天の助けでした！　まだまだライランをあやしてやらなければならなかったけれど、おしゃぶりのおかげで少しはわたしも休むことができるようになりました」

＊

スティーヴンとケリーの話では、生後１ヵ月になるやんちゃ息子のイアンはおしゃぶりが大好きだそうです。でも、おしゃぶりが口から落ちたとたん、イアンが大声で泣きわめくので、ケリーは困っています。「おしゃぶりはすごくありがたいけど、わたしたち、何だかおしゃぶり番になったような気分なんです。母なんて、テープで口に貼りつけとけば、なんて冗談を言っています。ひどい冗談だと思うかもしれないけど、もう、みんな頭が変になりそうなんです！」

chapter 10

五つのスイッチを組み合わせれば完ぺきです

もうおわかりかと思いますが、赤ちゃんを泣きやませる秘訣は、「五つのスイッチ」です。やってみたけど、なかなか泣きやみませんか？　がっかりしないで。練習すれば、きっとうまくできるようになります。

少しぐずる程度の赤ちゃんならば、「五つのスイッチ」のどれか一つだけでも効果があります。でも、大声で火がついたように泣き叫ぶ赤ちゃんには、少しばかりおくるみでくるんだって、「シーッ」と声をかけたって、効果がないかもしれません。うまくいかないときに考えられる原因を、いくつか挙げてみましょう。

1 ちょっとした問題がある――たとえば、おなかがすいているとか、うんちがしたいとか。さいわい、こういう場合は見ればわかりますし、「五つのスイッチ」を使う必要もありません。

2　大きな問題がある――コリックの赤ちゃんのうち、約一〇～一五パーセントは食物アレルギーや胃食道逆流など健康上の問題が原因です。

＊一八九ページの「おなかのトラブルが原因で泣くとき」をご参照ください。

3　「五つのスイッチ」をバラバラにやっている――赤ちゃんの泣き方がひどければひどいほど、「五つのスイッチ」を合わせ技で使う必要があります。

4　やり方が正しくない――他の反射と同じで、「五つのスイッチ」もきっちり正しいやり方をしないと鎮静反射が起こりません。

この章では、「五つのスイッチ」を総動員するコツを説明すると同時に、よくある失敗例を見てみたいと思います。

一つでも効きますが、組み合わせるともっと効きます

レキシのママとパパは、ヘア・ドライヤーの音を聞かせても、スウィング・チェアにのせて揺らしても、レキシがますます怒って泣き叫ぶので、困ってしまいました。でも、ヘア・ドライヤーとスウィング・チェアを同時にやってみたら、レキシは魔法のようにおとなしくなりました。

髪の色や気性がそれぞれ違うように、赤ちゃんが泣きやむ決め手も違います。揺らしてもらうのが何より好きな赤ちゃんもいれば、「シーッ」であっという間に泣きやむ赤ちゃんもいるし、うつぶせにするとすぐ静かになる赤ちゃんもいます。

比較的ごきげんのいい赤ちゃんは、「五つのスイッチ」のどれか一つをやってあげただけでおとなしくなります。でも、泣きむし赤ちゃんは、そうはいきません。「五つのスイッチ」のうち、二つ、三つ、四つを合わせてやってあげないと泣きやんでくれません。とくに手ごわい大泣き赤ちゃんには、「五つのスイッチ」を総動員しないと効果がありません。

泣きむし度チェック

あなたの赤ちゃんは、どこで泣きやむでしょう？　赤ちゃんが少しぐずりぎみのときに、あおむけに寝かして実験してみましょう。「スイッチ」をひとつずつ重ねていって、どこで赤ちゃんがおとなしくなるかを見るのです。

1　やさしい声で「シーッ」と言ってみる。これでダメな場合は、赤ちゃんの耳もとでもっと大きな声で「シーッ」と言ってみる。

2　「シーッ」と言いながら、両腕がバタバタしないようにおくるみでくるむ。

3　「シーッ」を続けたまま、おくるみにくるんだ赤ちゃんを、横向きかうつぶせに寝かせてみる。

4　「シーッ」を続けたまま、おくるみにくるんで横向きかうつぶせに寝かせた赤ちゃんを、速く小刻みに揺らしてみる。

5　「シーッ」を続けたまま、おくるみにくるんで横向きかうつぶせに寝かせた赤ちゃんを、速く小刻みに揺らしながら、おしゃぶりか指をしゃぶらせてみる。

5までいく前に、ほとんどの赤ちゃんは泣きやむはずです。

ニューヨークからロサンゼルスへ向かう飛行機の中で、ある年配の婦人がとても的確かつエレガントなしぐさで赤ちゃんをあやすのを見ました。

飛行機が離陸してしばらくたったとき、この年配の婦人が連れていた赤ちゃんが、突然泣き出しました。かん高い泣き声が二〜三回聞こえたところで、おばあちゃんとおぼしき華奢《きゃしゃ》な老婦人は赤ちゃんのおなかを自分の肩に押しつけるように抱っこし、赤ちゃんの耳に「シーッ」と声をかけながら、赤ちゃんのおしりをリズミカルにたたき、赤ちゃんの胴をヘビが坂を登っていくみたいに細かく左右に揺らしてあげたのです。

一分もたたないうちに、赤ちゃんはぐっすり眠ってしまいました。

赤ちゃんをあやすのが上手な人には特別な才能があるのかと思ってしまいがちですが、そうではありません。赤ちゃんを泣きやませるのは、特別な才能ではありません。赤ちゃんが泣く理由を理解し、泣きやませるテクニックを身につければ、だれにでもできることです。

ほとんどの親は、赤ちゃんが泣けば本能的に抱っこして揺らしますが、それだけでは足りない場合があります。でも、「赤ちゃんが泣きやむ五つのスイッチ」を総動員すれば、どんな泣きむし赤ちゃんでもおとなしくなります。「五つのスイッチ」のようなテクニックを紹介している育児本は他にもありますが、どれも正確なやり方や組み合わせ方を実践的に説明していないので、役に立たないのです。

「赤ちゃんが泣きやむ五つのスイッチ」は、赤ちゃんを泣きやませるだけでなく、そのあとぐっすり眠らせるためにも効果的です。

赤ちゃんは、いったんママの腕の中で眠ってしまえばそのままベッドに寝かせてだいじょうぶ、というわけではありません。赤ちゃんは気持ちよく眠っているように見えても、昏睡状態ではないので、脳の深いところで周囲のようすを感じ取っています。だから、心地よいリズムが突然ストップすると、また泣き出したりするわけです。

こういうとき、「赤ちゃんが泣きやむ五つのスイッチ」は、とても役に立ちます。コリックの赤ちゃんでも、おくるみにくるまれ、揺らしてもらい、近くで「シーッ」が聞こえていれば、おかあさんの子宮の中にいるような安心感にくるまれて、何時間もおとなしく過ごしてくれるでしょう。赤ちゃんのごきげんが悪くなったら、「五つのスイッチ」を少しテンポ・アップするだけで、赤ちゃんはふたたびおとなしくなるはずです。

うまくいかないのは、なぜ？

コリックの赤ちゃんを泣きやませるのに「五つのスイッチ」ほど効果的な方法はありません。でも、自転車の乗り方をおぼえるのと同じで、慣れないうちはおぼつかない感じがするものです。二〜三回やってみただけで、「うちの子には効かないわ」と、あきらめてしまう人もいます。

うまくいかなくてイライラするのは、よくわかります。泣き叫ぶ赤ちゃんをなんとか泣きやませようとしているのに、ますます大声で泣かれたら、耐えがたい気持ちになりますよね。でも、自転車と同じで、いったんコツをおぼえてしまえばスイスイできるようになって、ずっと昔からやっているような慣れた手つきになりますよ。

うまくいかないのは、たぶん、少しテクニックの調整が必要なだけでしょう。うまくいかない原因でいちばん多いのは、やり方が正しくないことです。おくるみでくるむのも、揺らすのも、「シーッ」も、やり方が間違っていると、赤ちゃんをますます泣かせてしまうことになります。

「五つのスイッチ」の大切なポイントを、もういちど復習してみましょう。

1 おくるみ

赤ちゃんに抵抗されておくるみをやめてしまう場合がよくあります。赤ちゃんがいやがっているように感じるのですね。でも、これは誤解です。ここが大切なステップですから、あきらめないでください。おくるみで赤ちゃんを上手にくるむには、次のことに気をつけてください。

- ●赤ちゃんの腕をからだにそってまっすぐに伸ばしておく。
- ●おくるみを折り返すたびに、きっちり引っぱってたくしこみ、ゆるませないこと。
- ●おくるみがゆるんだりほどけたりしないように留めておくこと。

おくるみにくるむのは、赤ちゃんを泣きやませるためではありません。ここをよくおぼえておいてください。おくるみの目的は、両腕がバタバタしないよう押さえることによって、赤ちゃんが他の「スイッチ」(これが実質的に赤ちゃんを泣きやませる「スイッチ」です)に注意を向けられるよう準備してあげることなのです。

2 横向き／うつぶせ

赤ちゃんがおちついているときは、あおむけに寝かせてもかまいません。でも、ごきげん斜めのときは、あおむけにすると頭の中の姿勢センサーが刺激されて「赤信号」がともり、赤ちゃんはさらに大泣きすることになります。

●赤ちゃんが横向きに寝ているときは、少しでもうつぶせに近い方向へからだを傾けてあげましょう。姿勢にとても敏感な赤ちゃんの場合、からだが少しでもあおむけに傾くと不安になってしまいます。

●赤ちゃんが空腹でないかどうか、確かめておいてください。おなかがすいているときほっぺに手が触れるような抱き方をすると吸啜《きゅうせつ》反射が起こり、赤ちゃんは乳首を探しはじめます。これでは赤ちゃんが混乱し、イライラしてしまいます。

3 「シーッ」

「シーッ」という音は出しやすいし、ほとんどの親は自然に「シーッ」と言います——小さな声で。ここに問題があるのです。ほとんどの場合、「シーッ」は音が小さすぎ、赤ちゃんの耳もとから遠すぎます。

●「シーッ」の音を、赤ちゃんの泣き声より少し大きいくらいの音量にします。子宮の中で赤ちゃんが聞いていた音は掃除機よりもっとうるさい音だったことを思い出してください。それに、生まれて数ヵ月のあいだ、赤ちゃんの耳はよく聞こえないのです。

●ホワイト・ノイズを出す装置を使っている人は、赤ちゃんの頭から三〇～六〇センチ離れたところに装置を置いてください。そうすれば、鎮静反射を起こすのに必要な音量が得られます。

4 ゆらゆら

おとなしい赤ちゃんならば、そっと揺らしても効き目があります。でも、泣き叫んでいる赤ちゃんが相手のときは、それでは弱すぎます。「ゆらゆら」で最も大切なポイントは、

●速く小さく震えるように揺らしてあげること。寝入った赤ちゃんをそのまま眠らせておくにはゆっくり大きなスウィングでいいのですが、泣いている赤ちゃんを泣き

やませるには小刻みに速く揺らすことが必要です。
●赤ちゃんの頭と首は支えてあげなくてはいけませんが、頭を支える手は軽く開きぎみにして、赤ちゃんの頭があなたの手の中でゼリーみたいにプルプル揺れるようにしてあげてください。

ジェイクのおとうさんが、「五つのスイッチをやってみたけれどうまくいかないんです」と言ってきました。おとうさんのテクニックをひとつひとつチェックしたところ、ほとんど合格なのですが、赤ちゃんを揺らす幅が広すぎました。膝を左右にほんの二〜三センチ動かすべきところを、三〇センチ幅で揺らしていたのです。速くて小刻みな動きに変えたら、それ以降はほぼ百発百中でジェイクが眠ってくれるようになりました。

5 おしゃぶり

おしゃぶりは、「五つのスイッチ」の中でいちばん簡単なテクニックです。でも、もし赤ちゃんがおしゃぶりをいやがるようならば、ここに解決策があります。

●まず、泣きやませます。赤ちゃんは、大泣きしているときにおしゃぶりをくわえるなんて芸当はできません。

●いろいろな種類のおしゃぶりを試してみましょう。赤ちゃんによっては、好みの形があります。

●逆心理を利用しましょう。赤ちゃんが吸いついた瞬間に、おしゃぶりを軽く引っぱってやるのです。赤ちゃんは、取られまいと抵抗するはずです。この綱引きをくりかえすうちに、赤ちゃんの口が発達して、おしゃぶりを長いあいだくわえていることができるようになります。

「赤ちゃんが泣きやむ五つのスイッチ」は、ずっと昔からおこなわれてきたことです。初めのうちはうまくいかなくても、練習を続ければ、必ずコツが身につきます。できれば、最初は人形で練習するか、赤ちゃんも親もおちついているときに練習してみるのがいいでしょう。親は疲れてくたくた、赤ちゃんはガラスがビリビリ震えそうな声で泣いている、という状態では、練習しても身につきません。

練習によって上達するのは、親だけではありません。赤ちゃんのほうもだんだん慣れてきて、ママやパパがしてくれることは気持ちいいのだ、とわかるようになります。

生後六～八週間を過ぎてから「五つのスイッチ」を始める場合は、とくに根気が大切です。親のほうもおぼえるのに時間がかかりますし、赤ちゃんのほうもそれまでのパターンを忘れて新しく「五つのスイッチ」に慣れるのに時間がかかります。でも、あきらめずに続けていれば、きっと百発百中の腕前になれますよ！

おなかのトラブルが原因で泣くとき

コリックの赤ちゃんのうち、一〇〜一五パーセントは、食物アレルギー、便秘、哺乳トラブル、あるいは胃食道逆流が原因と思われます。こういう赤ちゃんに必要なのは、「五つのスイッチ」よりも、医学的対処です。

食物アレルギー

コリックの赤ちゃんの約一〇パーセントは、食物アレルギーが原因と考えられています。しかし、残念ながら、この問題については正確な検査法がありません。食物アレルギーが疑われる場合は、おかあさんの食べ物から疑わしい食品を除くか、粉ミルクを違うブランドに替えて、ようすを見るしかありません（その前に、必ずお医者さんに相談してください）。

食物制限を始めて二〜四日くらいで赤ちゃんのようすが改善するようならば、食物アレルギーの可能性があります。ほんとうに食物アレルギーかどうかを確かめるには、赤ちゃんの状態が改善したあと二週間ほどおいて、もう一度、アレルギーの原因と思われる食品をおかあさんがスプーン一杯ほど食べてみることです。粉ミルクの場合は、問題のミルクを一五ccほど赤ちゃんに飲ませてください。これを四〜五日続けます。ほんとうにアレルギーがある場合には、赤ちゃんは以前のように大泣きするはずです。

食物アレルギーといっても、ほとんどの赤ちゃんは、一種類か二種類の食品にアレルギー反応を示すだけです。いちばん多いのは、牛乳および乳製品に対するアレルギーです。牛乳系の粉ミルクから豆乳系の粉ミルクに替えることで改善する赤ちゃんもたくさんいますが、牛乳アレルギーの赤ちゃんの少なくとも一〇パーセントは豆乳にもアレルギー反応を示します。こういう赤ちゃんには、特別な粉ミルクが必要です。お医者さんに相談してください。

便秘

母乳を飲んでいる赤ちゃんは、まず便秘しません。二〜三日うんちの出ない日が続いても、うんちが固くなることはありません。粉ミルクの赤ちゃんは、便秘することがあります。でも、常識的に対処すれば、たいてい問題は解消します。

- 粉ミルクを替える――粉ミルクのブランドを替えると、便秘が解消する場合があります。豆乳より牛乳のほうがうんちが出やすい赤ちゃんもいます。鉄分の少ないミルクに替えると便秘が解消する例もあります。
- 粉ミルクを薄めに作る――一日に一回か二回、水三〇ccあるいは大人用のプルーン・ジュース（有機がベストです）一五ccを粉ミルクに加えると、便秘が改善する場合があります（ハチミツやコーン・シロップにも便通を促す働きがありますが、一歳以下の赤ちゃんに与えることは絶対に避けてください）。

●肛門をゆるめてあげる——うんちを出そうといきんだときに間違って肛門を締めてしまう赤ちゃんは、けっこういます。赤ちゃんの両足を自転車こぎのように回してあげたり、おしりをマッサージしてあげると、肛門の緊張が解けやすいようです。これでダメなら、ワセリンを塗った直腸体温計か綿棒を、肛門に二～三センチほど差しこんでみましょう。そうすると、赤ちゃんのおしりが体温計や綿棒を押し出そうとして、そのとき一緒にうんちが出ます。

健康な赤ちゃんでも、一日や二日うんちが出ないことはあります。でも、それよりひどい便秘には、やっかいな病気（たとえば、甲状腺機能低下、ヒルシュスプルング病、乳児ボツリヌス症など）が隠れている可能性があります。赤ちゃんのうんちが三日以上出ない場合は、お医者さんに相談してください。

哺乳トラブル

九九・九パーセントの赤ちゃんは、必要にして十分な量のおっぱいを飲んでいます。でも、おっぱいが多すぎたり少なすぎたりすると、それが大泣きの原因になることがあります。

哺乳びんでミルクを飲ませている場合には、赤ちゃんが十分飲んでいるかどうかは簡単にわかります。母乳で育てている場合は、おっぱいが足りているかどうか、次の点を参考にチェックしてみてください。

●母乳は十分出ていますか?
●指やおしゃぶりで、しばらく満足していますか?
●授乳のあと、ごきげんですか?
●おしっこは、ちゃんと出ていますか?
●体重は順調に増えていますか?

どれか一つでも答えが「ノー」の場合は、母乳が足りていないかもしれません。お医者さんに相談することが大切です。次のような工夫も役立つかもしれません。

母乳不足の原因は?

おかあさん側の問題としては、乳首のくわえさせ方が間違っている、乳頭が陥没している、甲状腺に問題がある、疲労や痛みや栄養不良がある、などが考えられます。ごくまれですが、乳腺の発達が不十分なケースもあります。乳首が切れたり荒れてひりひり痛むときは、授乳のあと母乳がついたまま乳首を乾燥させておきましょう。母乳には、荒れた肌の回復を促す特別な成分が含まれています。

赤ちゃん側の問題としては、吸う力が弱い、熱意が足りない、乳首と間違えて自分の舌を吸っている、などが考えられます。あわてて混乱して吸うかわりに噛んでしまう赤ちゃんもいます。

母乳を増やすには

おかあさんのおっぱいに問題がなく、赤ちゃんの吸い方にも問題がないとなったら、母乳を増やす工夫をしてみましょう。

●おかあさんは、よく食べ、よく眠りましょう。

●なるべくひんぱんに母乳を出しましょう。おかあさんが起きているあいだは、二～三時間おきに授乳します。左右の乳房を七～一〇分ごとに何度も交代しながら、赤ちゃんが吸わなくなるまで授乳します。

余力があるならば、一日に一～二回、乳房の張りを感じたときに五～一〇分ほど搾乳すると、母乳の量が増えます。赤ちゃんに飲ませるおっぱいが減ってしまう心配はありません。出始めのおっぱいを少しぐらい捨てても、母乳はあとからあとから作られます。数日もすれば、母乳の出る量が増えているのに気づくはずです。

●授乳や搾乳のとき、リラックスして母乳がたくさん出ている自分を思い描いてみましょう。あるおかあさんは、熱帯の小島で太陽の光を浴びて寝ころんでいる自分の乳房から母乳が川のように流れ出て海が白い色に変わる光景を想像しました。そして、ほんとうに母乳がたくさん出るようになりました！

ミルクを足してみる

搾乳しておいた母乳、あるいは粉ミルクを足すには、哺乳びんを使うか、パックに入れたミルクに柔らかいストローのようなチューブをつないで赤ちゃんがチューブと乳首の両方から同時に飲めるようにする特殊な装置を使います。これを使うと、赤ちゃんに下手な吸い方の癖をつけずに母乳の量を増やすことができます（母乳を飲んでいる赤ちゃんが哺乳びんを使いすぎると、吸い方が下手になります）。

母乳が出すぎるときは

おっぱいが大好きなために一回の授乳で一二〇～二四〇ccもがぶ飲みしたあげく、ぜんぶ吐いてしまう赤ちゃんもいます。あるいは、母乳があまり勢いよく噴き出すので、むせないためにがぶ飲みしてしまう赤ちゃんもいます。

この問題は、哺乳びんを使う赤ちゃんにも起こります。ゴムの乳首が柔らかすぎたりミルクの出る穴が大きすぎたりした場合、吸う力の強い赤ちゃんは水道の蛇口に口をつけて飲んでいるような状態になってしまいます。

母乳が出すぎかもしれないと思う人は、授乳直前に三〇～六〇ccほど母乳を搾ってから赤ちゃんに乳首をくわえさせてみましょう。授乳中も、乳首をひとさし指と中指ではさんで胸に押しつけておくと、母乳の出を少し遅くすることができます。

胃食道逆流

胃食道逆流は、コリックの赤ちゃんの三パーセントに認められる症状です。胃食道逆流かもしれないと思ったら、お医者さんに診てもらう必要があります。

胃食道逆流を軽減するためのヒントをいくつか紹介しましょう。

●姿勢――授乳のあと赤ちゃんをいすに座らせておくと重力の働きでミルクが胃に収まってくれる、という俗説がありますが、これは根拠がありません。でも、うつぶせ寝、または左を下にして横向きに寝かせる姿勢は、たしかに胃食道逆流を軽減する効果があります。

どちらも、赤ちゃんが目ざめているあいだならば、お勧めです。左を下にして寝かせる姿勢は、赤ちゃんをおくるみにくるんで、うつぶせにならないように支えてあげれば、眠っているときでもだいじょうぶです。どんな赤ちゃんにもあおむけ寝がいちばんいいのですが、胃食道逆流や夜中の嘔吐がひどい赤ちゃんには左を下にして寝かせる姿勢を勧めるお医者さんもいます。主治医に相談してみてください。

●げっぷをさせる――授乳のあいだ、五～一〇分ごとにげっぷをさせてあげてください。一回で大きなげっぷを出すと、胃酸のまじった内容物が上がってくる場合があります。

●授乳量を調節する――赤ちゃんが飲みすぎないように気をつけてください。授乳を短時間で切り上げて、溢乳や大泣きがおさまるかどうか、ようすを見ましょう。体重が一週間に一一〇〜二〇〇グラムのペースで増えていて、授乳後二〜三時間ほど赤ちゃんがごきげんならば、短時間で授乳を切り上げてかまいません。

●乳製品を制限する——牛乳アレルギーの可能性があるかどうか、乳製品を制限したほうがいいかどうか、お医者さんに相談してください。

●制酸剤——胸焼けの痛みをやわらげるために、お医者さんが制酸剤を処方する場合がありますす(医師に相談せずに赤ちゃんに制酸剤を与えることは、絶対にやめてください)。

chapter 11

五つのスイッチ以外の方法

「五つのスイッチ」以外にも、泣きむし赤ちゃんに昔からよくおこなわれていることが三つあります。マッサージ、お散歩、そして、少しあたためてあげることです。

マッサージ

コリックの治療法として、マッサージは昔から広くおこなわれてきました。マッサージの癒し効果は、人間の最も古くて深い感覚といわれる触覚にもとづくものです。「子どもはミルクとほめ言葉で育つ」という言葉がありますが、わたしなら、「赤ちゃんはミルクとなでなでで育つ」と言いたいところです。子宮の柔らかい壁に二四時間くるまれていたときから、赤ちゃんはやさしく「なでなで」されて育ってきました。生まれたあとも、赤ちゃんは「なでなで」してもらうのが大好きです。おかあさんと肌を触れあって抱いてもらうことは、赤ちゃんにとって、おなかの中にいたときの心地よい揺れや音と同じ快感なのです。

かわいがると、おりこうに育つ

カナダのマックギル大学は、最近、「たくさんかわいがられると動物は頭が良くなるか?」というテーマでおこなった研究の成果を発表しました。実験対象となったのは、二つのグループに分けたラットです。第一グループのラットたちは、「愛情深い」母親になめたりさすったりされながら育ちました。第二グループのラットたちは、母親からあまり愛情をかけられずに育ちました。

こうして成長したラットたちに迷路やパズルの課題を与えてみたところ、なめたりさすったりされて育ったグループは成績が抜群でした。脳の中で学習に大切な部分の神経結合が非常に密に発達していたそうです。

結論は、あきらかです。赤ちゃんをかわいがって育てると、赤ちゃんが喜ぶだけでなく、IQも高くなる可能性があるということです!

「なでなで」は、赤ちゃんにとって、おかあさんのおなかの中にいたころの快感を思い出させてくれるだけでなく、ミルクと同じように成長に不可欠な「栄養素」でもあります。実際、ある意味ではミルクよりもだいじな栄養素と言えるかもしれません。赤ちゃんにたくさんミルクを飲ませても、ますます健康になるとは限りませんが、赤ちゃんをたくさんかわいがってあげれば、ますます元気に育つのですから。

一九八六年、育児評論家として名高いティファニー・フィールドは、未熟児に対するマッサージ効果を研究した結果、「なでなで」には良い効果があることをはっきりと認めました。フィールド博士は、看護婦に指示して、未熟児の赤ちゃんたちを一日三回、一回につき一五分間マッサージさせ、それを一〇日間続けたのです。結果は、驚くべきものでした。マッサージを受けた赤ちゃんたちは、予想を四七パーセントも上回る体重増加を見せ、マッサージを受けなかった赤ちゃんたちに比べて一週間近くも早く退院できました。さらに、一年後の追跡調査によれば、マッサージを受けた赤ちゃんのＩＱはふつうに扱われた赤ちゃんよりも高かったのです。フィールド博士は、さらに、月満ちて生まれた健康な赤ちゃんの場合も、一日一五分間マッサージを受けたグループは泣くことが少なく、知性にも社会性にも優れ、体重の増加が早く、ストレス・ホルモンのレベルが低いことを発見しました。

マッサージのやり方を説明しましょう。

1　赤ちゃんにおっぱいを飲ませてから一時間ほどたったころが、いいタイミングです。ママは指輪類をはずし、部屋をあたたかくし、照明を落とし、電話が鳴らないようにします。お好みによって、静かな音楽を流してもいいでしょう。少しあたためた植物オイル（アーモンド・オイルが最高です）、手を拭くもの、そして、万が一の用心におむつを手近に用意します。

2　はだかにした赤ちゃんのそばに、楽な姿勢で座ります。あるいは、ママが両足（ストッキングなどは脱いで素足になってください）を伸ばして座り、その上に赤ちゃんを寝かせてもいいでしょう。赤ちゃんが寒くないように、タオルでくるみます。深呼吸を五回して、この場所とこの時間に気持ちを集中しましょう。マッサージは物理的な動作ではなく、赤ちゃんとのコミュニケーションです。

最初の何回かは、手順に気をとられて「頭で」マッサージしている感じがするかもしれません。でも、慣れてくれば、自分の指先や赤ちゃんの柔らかな肌に意識を集中して愛情をこめたマッサージができるようになります。

3　両手にオイルをすりこんだあと、赤ちゃんの足からマッサージを始めます。いつもどちらかの手が赤ちゃんの肌に触れているようにしながら、いまママがしてあげていることについて、あるいはママが赤ちゃんの将来に望むことについて、やさしい声で話しかけてあげましょう。子守唄を歌ってあげるのもいいでしょう。一度に片方ずつ足にかけたタオルをはずして、なめらかでしっかりとしたタッチでマッサージします。ママのおだやかな息づかいに合わせて、赤ちゃんのからだをゆっくりとさすってあげましょう。

赤ちゃんのつま先、足、おなか、胸、腕、手、背中、顔、耳を、円を描いたり、引っぱったり、のばしたり、つまんだりしながら、なめらかにマッサージします。ママの指先だけでなく、手や手首や前腕なども使って、自由自在に工夫しながらマッサージしてあげましょう。

4　毎日よく働いてくれる赤ちゃんのおなかに「ありがとう」のマッサージをしてあげましょう。赤ちゃんの両足を自転車こぎのように回したあと、両膝をおなかに押しつけて、そのまま一〇～二〇秒ストレッチします。それから、おなかを時計回りにマッサージします。赤ちゃんのおなかの右下から始めて、上へさすって、上腹部を横になで、赤ちゃんのおなかの左下までぐるりとマッサージします（このマッサージによって、おならやうんちが出ることがあります）。

5　赤ちゃんがぐずりだしたら、マッサージのペースを変えるか、終わりにしましょう。赤ちゃんのからだに残ったオイルをふき取ります（ふき取れないぶんは肌の栄養になるので、そのままでかまいません）。その日の夜、あるいは翌朝に、せっけんとお湯で赤ちゃんのからだを洗ってあげましょう。

赤ちゃんのマッサージは、ママやパパにとっても、ストレスをやわらげ自信を回復できるすばらしいひとときとなるでしょう。

お散歩

わたしたちの遠い祖先は、外で暮らしていました。いまの赤ちゃんたちが家の中で退屈してしまうのは、そんなところに原因があるのかもしれません。赤ちゃんにとっては、木々をわたる風の音を聞き、ほっぺにさわやかな空気を感じ、目の前を通り過ぎていくぼんやりとした輪郭を眺めるのが何より楽しいのでしょう。

散歩で赤ちゃんが泣きやむという事実が「三ヵ月早産説」の理論にどうあてはまるのですか、という質問をときどき受けます。赤ちゃんにとって、散歩はぼんやりした形がつぎつぎに移りかわって見えるし、からだが揺れるので、とても気持ちがいいのです。外をお散歩してもらうと、眠りを誘うおだやかな感覚に五感が刺激されて、赤ちゃんはおちついた気分になるのでしょう。

赤ちゃんが泣いたときは、さわやかな外気の中へ連れ出してみましょう。外を歩けば、おかあさんの気分も晴れるでしょう。

あたためる

おかあさんのおなかにいたあいだ、赤ちゃんは常に温泉につかっていたようなものです。だから、赤ちゃんはあたたかいのが好きなのでしょうね。赤ちゃんがぐずったとき、次の手を試してみてください。

お風呂

生後六週間になるジャックがぐずって困ると、ママとパパはジャックをお風呂に入れます。「あたたかいお風呂につかると、ジャックはいつもほんとにリラックスするんだ、ほとんど禅の境地って感じで。そのあとも、ごきげんよく寝ついてくれるし」

あたたかいおくるみ

ある日、姪のエリカがぐずってごきげん斜めだったので、バーバラはベビー毛布を衣類乾燥機で数分間あたため、熱いところがないかどうか厳重にチェックしたうえで、エリカをくるんであげました。エリカがたちまちおとなしくなったので、それ以降、エリカがぐずるたびに、バーバラはあたたかいおくるみで泣きやませました（いつもおくるみを熱くしすぎないように、エリカにやけどさせないように、細心の注意を払って）。

ぼうし

赤ちゃんは、ぼうしをかぶせてもらうと、ほっとしていい気持ちになります。新生児の場合、体温の二五パーセントは頭部から失われていくので、赤ちゃんの頭に何もかぶせないでおくのは、大人ならば肌寒い夜に下着でうろうろ歩きまわるようなものなのです。

靴下

おくるみと同じように、靴下もあたためたものをはかせてあげれば、赤ちゃんはいい気持ちです。ただし、はかせる前に、熱いところがないかどうかチェックしてください。

あたためすぎに注意

赤ちゃんをあたためてあげるのはいいのですが、やりすぎはいけません。あたためすぎると、赤ちゃんはきげんが悪くなり、あせもができます。また、突然死の危険性がわずかに高まる可能性もあります。

あたためすぎないために、つぎの点に注意してください。

- 赤ちゃんの耳やつま先が紅潮して熱っぽく、わきのしたが汗ばんでいたら、あたためすぎです。薄着にしましょう。
- 電気毛布や温熱パッドは、絶対に使わないでください。赤ちゃんが暑くなりすぎる危険がありますし、赤ちゃんを不必要な電磁波にさらすことにもなります。
- 暑い季節には、薄手のおくるみを使いましょう。

chapter 12

五つのスイッチで朝までおやすみ

アリソンを二ヵ月健診に連れてきたおかあさんは、アリソンが三時間おきに目をさますので夜中に何度も起こされて疲れてしまい、上の二人の子どもについきつく当たってしまう、と悩みを打ち明けました。

「夜はアリソンをおくるみにくるんでいますか?」と、わたしはたずねました。おかあさんは、「いいえ、一ヵ月ぐらい前にやめてしまいました。このところ夜も暑いし、この子もすぐにおくるみをほどいてしまうので」と答えました。「それならば、着せるのはおむつだけにして、おくるみの端をしっかりたくしこめるように大きめの布を使ってアリソンをくるんで、ホワイト・ノイズを大きめに鳴らしておいたらどうでしょうね」と、わたしは提案しました。翌週、おかあさんから電話があって、おくるみにきっちりくるむようにしたらアリソンは毎晩八時間続けて眠るようになった、ということでした。

睡眠！　これが大問題なんですよね。

ほとんどの新米ママ・パパにとって、一晩ぐっすり眠れるなんて夢のまた夢、睡眠不足でぼーっとした頭の中に蜃気楼のように浮かぶ手の届かぬ望み、というところでしょう。

どうして、赤ちゃんはあんなに眠らないのでしょう？　いいえ、実際には赤ちゃんはかなり長い時間眠っているのですが、自然のいたずらか、睡眠時間の配分が夜も昼もまんべんなく細切れになっているのです。

どの国でも、おかあさんは赤ちゃんの不規則な睡眠パターンに合わせてこの時期を乗り越えます。ベリー・ブレイズルトン博士はメキシコの田園地帯の赤ちゃんたちを研究して、この赤ちゃんたちもアメリカの赤ちゃんたちと同じく夜になると泣く子が多い、と報告しました。ただ、メキシコのおかあさんたちは赤ちゃんの夜泣きを困ったことというよりむしろユーモラスにとらえて、「昼間はずっと大人がしゃべっているから、夜は赤ちゃんがしゃべる番なのね」と笑っていたそうです。

南アフリカのクン・サン族を観察した文化人類学者によると、クン・サン族の赤ちゃんは一五分ごとに目をさますそうです。母親は赤ちゃんがぐずるたびに胸に抱き寄せ、ちょっとおっぱいを吸わせてやります。すると、赤ちゃんはものの数秒でまた眠りに落ちていくのだそうです。

アメリカでは、大多数の親が生まれたばかりの赤ちゃんをベビーベッドに入れて自分たちのベッドのそばに寝かせています。生まれて数ヵ月のあいだ、赤ちゃんは夜も二〜四時間ごとに目をさまして、おっぱいを欲しがります。粉ミルクの赤ちゃんは、もう少し長く寝ます。これは、母乳に比べて消化されにくい粉ミルクがかたまりになって胃の中に長く残るためです。

いまはそんな心境にはなれないかもしれませんが、夜明け前に赤ちゃんにおっぱいを飲ませた日々が、いつか、人生の最も幸せなひとことまとして心に残る思い出になるかもしれません。昼間の喧騒《けんそう》とはうってかわった静謐《せいひつ》な空気の中で、時の流れに漂うような気分になる瞬間――三人の子どもを持つグレッチェンは、こんなふうに言っています。

「生後二ヵ月になるジュリアンが、うちでは最後の赤ちゃんになると思います。じつは、わたし、真夜中にジュリアンにおっぱいを飲ませるのを楽しみにしているんです。だって、二人っきりになれるのはこのときしかないし、おだやかでおちついた気分でかわいい坊やと向きあうことができるんですもの」

赤ちゃんの睡眠パターン

赤ちゃんには、睡眠と覚醒のサイクルがあります。新米ママ・パパの願いは、赤ちゃんが夜にたくさん眠って昼間は目をさましていてくれるようになることです。

それにしても、赤ちゃんは何時間ぐらい眠るものなのでしょう？　平均すると、赤ちゃんは一日一四～一八時間くらい眠ります。こう聞くと、ずいぶんたくさん眠るように感じますが、赤ちゃんの場合、睡眠時間は細切れになっていて、短い睡眠と短い覚醒を交互にくりかえしています。

二一一ページの睡眠パターンのグラフを見るとわかるように、生後三週間の赤ちゃんは一日の三分の二を眠って過ごします。平均的な新生児は、二～三時間の睡眠（灰色の部分）と一時間の覚醒（白い部分）を交互にくりかえしています。目をさましている時間に、赤ちゃんはおっぱいを飲んだり、ぐずって泣いたり、周囲からの刺激を受けとめたりしています。生まれたばかりのころは、長く眠ったとしてもせいぜい四時間程度でしょう。

生後三ヵ月になると、赤ちゃんはあいかわらず一日一四～一八時間眠るものの、覚醒している時間がだんだん一つにまとまって長くなってきます。続けて眠る時間も、六〜八時間と、長くなってきます。

生後まもないこの時期に、赤ちゃんの脳はどんどん発達して、一日二四時間を三種類の活動に分けることができるようになっていきます。

●覚醒——ミルクを飲む／周囲の世界を学習する
●レム睡眠——夢を見る／一日のあいだに学習したことを整理する
●ノンレム睡眠——疲労を回復する

赤ちゃんも大人も、二種類の睡眠をとっています。赤ちゃんの睡眠時間の五〇パーセントはノンレム睡眠で、これは丸太のようにぐっすり眠っている状態です。呼吸はゆったりと規則正しく、表情は天使のようにおだやかです。実際には、この深い睡眠のあいだ、赤ちゃんの筋肉は少し緊張した状態で、ぬいぐるみのように脱力した状態ではありません。

残りの五〇パーセントは、目ざめているときのような状態で眠っているレム睡眠です。レム（ＲＥＭ）睡眠という呼び方は、Rapid Eye Movement（すばやい目の動き）の頭文字を取ったもので、脳が活発に働いている状態です。レム睡眠は、ノンレム睡眠の合間に起こります。レム睡眠のあいだ、赤ちゃんの脳は夢を見たり、その日に新しく経験したことを脳の深いところにある記憶中枢に整理したりしています。また、呼吸が不規則になったり、突然からだがピクピク動いたりします。手足はゆですぎたスパゲティのようにだらりと垂れ、ときどき天使のような笑顔を浮かべます。この笑顔は腸内ガスのせいだとする俗説がありますが、それは違います。むしろ、赤ちゃんはやがて社会と関わるとき最高に強力で魅力的な武器となる天使の笑顔を練習しているのでしょう。

　大人の場合、レム睡眠は二時間ほどですが、新生児は一日に八時間近いレム睡眠をむさぼ

赤ちゃんの睡眠パターン

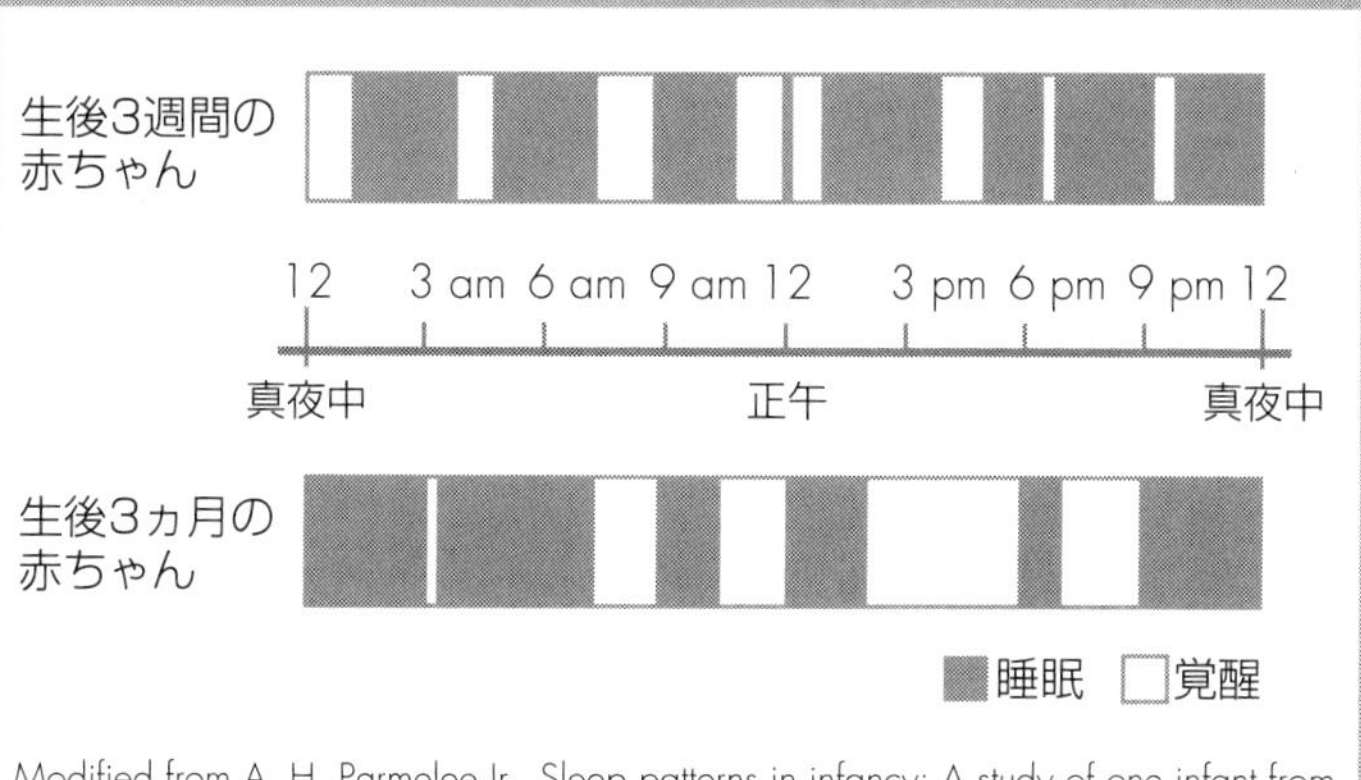

Modified from A. H. Parmelee Jr., Sleep patterns in infancy: A study of one infant from birth to eight months of age, *Acta Pediatrica* 1961:50:160.

ります。なぜ、赤ちゃんはこんなに長時間のレム睡眠が必要なのでしょう？　はっきり解明されてはいませんが、赤ちゃんは新しいことをたくさん経験するので、それを消化するのにたくさんの時間がかかるのだ、という説があります。まるで、赤ちゃんの脳が「うわぁ！　きょうは新しいことがいっぱいだ。ぜーんぶ、ちゃんとおぼえておかなくっちゃ！」と言っているみたいですね。それに比べて、大人の日常は大半が決まりきったことのくりかえしなので、「これはぜんぶ飛ばしてもだいじょうぶ、もう知ってることだから」という調子で一日の見直し作業を早く片づけることができる、というわけです。

眠っている時間は覚醒状態ではないものの、昏睡状態でもありません。人間は、眠っ

赤ちゃんの睡眠サイクル

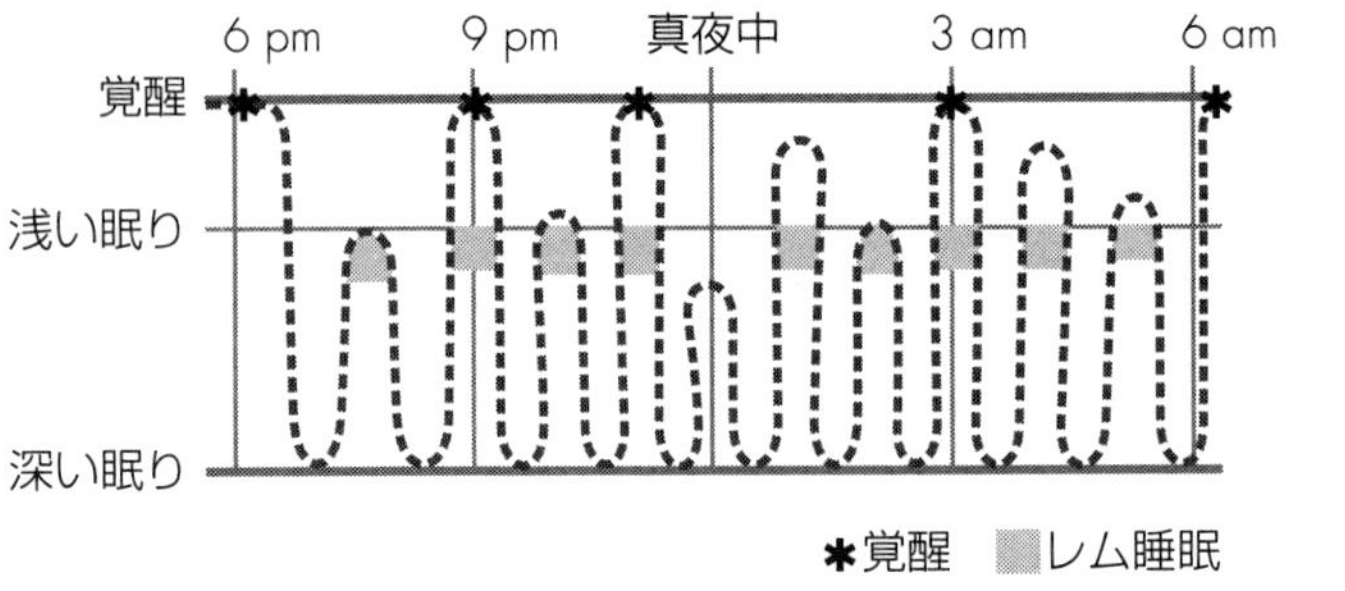

Modified from R. Ferber, *Solve Your Child's Sleep Problems* (New York: Simon & Schuster, 1985).

ているあいだにも、周囲で起こっていることをいろいろ認識しています。その証拠に、夜中に電話が鳴っても気がつくし、ベッドの端に寄って眠っていてもめったに落っこちることはないでしょう?

赤ちゃんも、眠っているあいだ、常に周囲の世界から情報を受けとめています。だから、揺れないベッドや静かな部屋を刺激の足りない不快な環境と感じるのです。

レム睡眠とノンレム睡眠の波は、深い眠りと浅い眠りの大きなサイクルの一部です。この波は、海の波と同じように、一晩じゅう変化をくりかえしています。赤ちゃんの場合、深い眠りと浅い眠りのサイクルは、だいたい六〇分です。精神状態のコントロールがよくできるごきげんのいい赤ちゃんは、浅い眠りのあいだもほとんど目をさますことがありません。目をさましたとしても、たいてい、またすぐに眠ってしまいます。けれども、敏感でかんの強い赤ちゃんの場合は、眠りが浅くなって目がさめる一歩手前の状態にあるときに、おなかがすいたり、ガスがたまったり、音がしたり、からだがびくついたりすると、完全に目がさめてしまい、泣き出すことがあります。

ねんねのひつじは「五つのスイッチ」

睡眠に関しては、赤ちゃんとおかあさんは二人で一つのチームです。おたがいに折り合わなくてはなりません。とは言うものの、生まれて四～六ヵ月のあいだは、おかあさんのほうが赤ちゃんに合わせてあげるしかありません。家事をあとまわしにしても、赤ちゃんの睡眠スケジュールに合わせるしかないのです。

でも、がっかりすることはありません。生まれてまもない赤ちゃんによく眠ってもらうためにも、「五つのスイッチ」が役に立ちます。おかあさんのおなかの中にいたころを思い出させてあげれば、赤ちゃんの鎮静反射が働きます。夜のあいだ「五つのスイッチ」を使えば、赤ちゃんは朝までおとなしく眠ってくれるでしょう。

1 おくるみ

おくるみで両腕をきっちりくるんでおくと、赤ちゃんが間違って自分の顔をたたいたりびくついたりするのを防ぐことができます。赤ちゃんをおくるみにくるむだけで、眠りを三時間から四時間へ、ときには六時間にも伸ばすことができます。おくるみが夜中じゅう効果を発揮するためには、ゆるまないようにしておくことがポイントです。

2 横向き／うつぶせ

赤ちゃんのためには、あおむけが最も安全な寝かせ方であることは疑いありません。横向きに寝かせるのは、どうしてもよく眠ってくれない赤ちゃんに限ります。しかも、赤ちゃんの両腕をおくるみできっちりくるむこと、赤ちゃんが絶対うつぶせにならないように、固く巻いてテープでとめた毛布でおなかと背中を両側から支えておくこと、が条件です。不明な点があれば、主治医に相談してください。

3 「シーッ」

ほとんどの赤ちゃんは、ベビーベッドのそばで耳ざわりなホワイト・ノイズが鳴っているほうがよく眠ります。おかあさんのおなかの中で聞いていた音が流れていると、ほかの気になる音が消されて、赤ちゃんはとてもおちつくのです。おくるみと同じで、赤ちゃんに「シーッ」という音を聞かせてあげるだけで睡眠時間が一～二時間伸びる可能性があります。

4 ゆらゆら

スウィング・チェアの揺れで、赤ちゃんは昼も夜もよく眠るようになります。すべての赤ちゃんがぐっすり眠るためにスウィング・チェアの助けを必要とするわけではありませんが、生後四ヵ月ごろまでは、一晩じゅうスウィング・チェアにのせておかないとよく眠ってくれない赤ちゃんも少なくありません。

5 おしゃぶり

乳首やおしゃぶりを吸うことによって、赤ちゃんは眠りにつきやすくなります。けれども、おしゃぶりによって眠りが深くなるわけではありません。

これまで「五つのスイッチ」を経験したことのない赤ちゃんでも、「五つのスイッチ」を使えばよく眠るようになります。初めのうち赤ちゃんが抵抗するように見えても、心配しないでください。根気よく続けているうちに、きっとうまくいくようになります。

「五つのスイッチ」をやめる時期

子どもは、いつかはひとりで眠ることをおぼえ、夜中に目ざめてもひとりで眠りにもどることをおぼえなくてはなりません。わたしの経験では、ほとんどの赤ちゃんは生後三ヵ月になればひとりで眠るようしつけることができます。この時期になったら、うとうとしているけれど完全には眠っていない状態でベッドに入れるようにしましょう。

三ヵ月以下の新生児をよく眠らせるために「五つのスイッチ」のような手を使うと赤ちゃんを甘やかして強い依存心を助長することになる、と警告する育児書もありますが、断じてそんなことはありません。赤ちゃんは、生まれるまで九ヵ月間、毎日子宮の中で「五つのスイッチ」に似た刺激に囲まれていたのです。だから、長い夜のあいだ、「五つのスイッチ」のいくつかをやってあげると、赤ちゃんはよく眠れるのです。心配はいりません。生後三〜四ヵ月になれば、たいして苦労しなくても「五つのスイッチ」をやめることができます。

「五つのスイッチ」の中では、まず最初におしゃぶりからやめることをお勧めします。わたしとしては、できれば生後一ヵ月ごろから口に何も入れずに寝られるようになるのが理想的だと考えています。いえ、誤解しないでください。赤ちゃんがおかあさんのおっぱいや哺乳びんやおしゃぶりをくわえたまま眠りかけるのは、かまわないのです。ただ、赤ちゃんが眠りかかって一分か二分たったところで、ベッドに寝かす際にほんの少しだけ目をさまさせてあげることをお勧めします。これによって、赤ちゃんはひとりで眠りの世界に落ちていくことをおぼえます。このとき、赤ちゃんが泣いたら、「シーッ」と声をかけるか、少しからだを揺らしてあげてください。

眠るときのおしゃぶりをやめさせるもう一つの理由は、どのみち眠っているうちに口から落ちてしまうことが多いからです。おくるみの場合は、しっかりくるめば朝までそのままの状態を保てますが、おしゃぶりは、赤ちゃんが吐き出してしまえばそれまでです。

つぎにやめやすいのは、「ゆらゆら」です。生後二〜三ヵ月になったら、スウィング・チェアのスピードを一番遅いレベルまで下げていきます。そして数日後、それでも赤ちゃんがよく眠っているようだったら、スウィング・チェアの動きを止めて、そのまま寝かしておきます。さらに数日ようすを見て、それでもよく眠っているようならば、ベビーベッドで寝かせるようにしましょう。

三番目にやめる「スイッチ」は、おくるみがいいでしょう。生後四ヵ月を過ぎたら、赤ちゃんの片腕を出して、軽くくるむようにしてみましょう。こうすると、赤ちゃんは自分の指をしゃぶることができます。その状態で赤ちゃんがよく眠るようだったら、つぎはおくるみなしで寝かせてみましょう。でも、夜中に起きる回数が増えるようだったら、一歩後退して、もうしばらくおくるみを使ってください。

最後は「シーッ」です。二週間ぐらいかけて音量を少しずつ小さくしていき、最後にやめてみましょう。

わたしが診てきた赤ちゃんたちの例でいうと、「ゆらゆら」がいらなくなるのが生後三～四ヵ月、おくるみがいらなくなるのが生後三～六ヵ月（何人かは九ヵ月まで続けていました）、ホワイト・ノイズのない静かな部屋で眠れるようになるのが生後三～一二ヵ月です（「シーッ」がいちばん最後まで残るのは、これがとても簡単で、効果的で、コントロールしやすいからです）。

「五つのスイッチ」の助けを一つも借りずに一晩じゅう眠れるようになったら、赤ちゃんはいよいよ胎児の状態を卒業して、人生の冒険に乗り出す準備ができたということです。

赤ちゃんと規則正しい生活

新米のママやパパは、赤ちゃんに規則正しい生活をさせるべきかどうかで迷うことが多いようです。スケジュールにそった育児をするべきでしょうか？　そんなことは気にしないほうがいいのでしょうか？　育児に関する問題は正解が一つでない場合が多いのですが、規則正しい生活についても同じです。

小さい子は、毎日同じことをくりかえす生活が大好きです。先に何が起こるかわかっていると、安心だからです。あと一～二年もすれば、ベッドにはいるときは毎晩きまって、お気に入りの毛布と、あたたかいミルクと、『おやすみなさいおつきさま』の絵本を読んでもらう儀式が必要になることでしょう。

一方で、授乳や睡眠のスケジュールを臨機応変にやりくりする柔軟さは、赤ちゃんにとってても親にとってもいいことです。とくに、赤ちゃんが双子だったり、上にお兄ちゃんやお姉ちゃんがいたり、親が外に働きに出ていたり、シングル・ペアレントだったり、といった場合にはそうです。

赤ちゃんを規則正しい生活に慣れさせようと考える前に、まず、規則正しい育児という概念が比較的新しいものであることを知っておいてください。大昔には、日時計とにらめっこしながら赤ちゃんにおっぱいを飲ませるような習慣はありませんでした。今日でも、あらかじめ決められたスケジュールに赤ちゃんを合わせることに違和感を感じるおかあさんたちもたくさんいます。

生後一ヵ月の赤ちゃんに規則正しい生活をさせるのが間違っている、と言うつもりはありません。ただ、時計中心に回る大人のスケジュールに赤ちゃんの生活を合わせようとするようになったのは、たかだか一〇〇年ほど前からであること、多くの赤ちゃんはスケジュールどおりに生活するにはあまりに未熟であること、を理解しておいていただければ結構です。

赤ちゃんがスケジュールに合わせられるかどうかは、その子のがまんする能力によります。おっぱいが欲しいとき、眠たいとき、どれくらいがまんできるか、ということです。新生児の中にも、わりあい簡単に気をまぎらすことのできる子もいれば、脳から送られてくる授乳や睡眠の要求シグナルを無視できない赤ちゃんもいます。こういう赤ちゃんの場合は、自然にがまんできる時期が来るまでしんぼう強く待ってあげる必要があります。

これを踏まえた上で、生後一～二ヵ月くらいの赤ちゃんを規則正しい生活に慣らしていきたい場合には、まず昼間の授乳を三時間おきにすることから始めるといいでしょう（もちろん、前回の授乳から二時間もたたないうちに赤ちゃんがおなかをすかせて泣き出し、どんな方法であやしても泣きやまない場合には、スケジュールのことは忘れておっぱいをあげてください）。また、四時間以上おっぱいを欲しがらずに眠っている場合には、赤ちゃんを起こして授乳するようにします。昼間に授乳間隔を長くあけて眠る赤ちゃんの場合、夜におなかをすかせて起きる回数が多くなる例がよく見られます。

規則正しい生活の第二ステップは、おっぱいを吸わなくても眠れるようにすることです。赤ちゃんにおっぱいを飲ませたら、寝かしつける前に少し遊んであげてください。そうしているうちに、赤ちゃんは自分ひとりで眠ることをおぼえます。もし赤ちゃんがおっぱいを飲んだあとすぐに眠ってしまったら、赤ちゃんが少しだけ目をさますように軽く揺らしてやってください。赤ちゃんが目を開けたら、ベッドに寝かせて眠らせてあげましょう。こういう練習を一～二ヵ月ほど根気よく続ければ、赤ちゃんは少しずつ自分ひとりで眠れるようになっていきます。

ほとんどの赤ちゃんは、生後一～二ヵ月で自然に生活パターンができてきますが、それまで待てない場合には、右のような練習をやってみるのも悪くないでしょう。

でも、赤ちゃんが規則正しい生活を押しつけられるのをいやがるようならば、愛情をもって赤ちゃんの希望に合わせてあげてください。しばらくして、練習を再開すればいいのですから。育児とは、新生児のニーズに親が合わせてあげること。その逆ではありません。

赤ちゃんに夜たっぷり眠ってもらうために

「五つのスイッチ」以外のヒントを、いくつか紹介しましょう。

昼間の授乳量を増やす

赤ちゃんの昼間の授乳量を増やすと、夜の睡眠時間を伸ばすことができます。

- お昼寝が四時間以上続いたら、いったん赤ちゃんを起こして授乳する。
- 赤ちゃんの気が散らないように、静かな部屋で授乳する。
- 夕方から夜にかけて二時間おきに授乳し、赤ちゃんに「飲みだめ」させる。
- 真夜中に起こして授乳し、赤ちゃんのおなかを「満タン」にする。

昼間にたくさん抱っこしてあげる

昼間あまり眠らせないほうが赤ちゃんが疲れて夜よく眠る、と聞いたことがあると思います。たしかに理屈ではそう思えないこともありませんが、疲れている赤ちゃんを無理に起こしておくのはかわいそうですし、赤ちゃんも疲れすぎると夜よく眠れなくなる場合が少なくありません。実際には、新生児は昼間でも眠らせてあげたほうがいいし、眠っているあいだスウィング・チェアにのせたり抱いたりして揺らしてあげたほうがいいのです。わたしの経験から言えば、昼間よく抱っこしてもらった赤ちゃん（「なでなで」や「ゆらゆら」の栄養をたっぷりもらった赤ちゃん）は、そうした刺激に飢えていないぶん、夜よく眠るようです。

夜になったら暗くする

夜になったら、部屋の照明を暗くしましょう。そうすると、赤ちゃんはねんねの時間だと思うようになります。照明を暗くしてあげると、赤ちゃんは神経がおちついてリラックスできます。病院でも、夜になると新生児室の照明を暗くし、未熟児用の保育器に遮光カバーをかけて、赤ちゃんが昼と夜のリズムに慣れていけるよう配慮しているところが多いようです。

添い寝の注意

人類誕生の日から、親と子は添い寝をしてきました。お互いを守るために、ぬくもりを求めて、あるいは夜中の授乳を楽にするために。日本では、昔から親子は「川」の字に寝ます。彼らにとっては、母と子が一緒に寝るべきかどうかなど、そもそも問題にもなりません。母子は一心同体で、できる限り一緒にいるべきだと考えるからです。

赤ちゃんと添い寝する場合は、必ず次のことを守ってください。

- 窒息の原因になるような枕、おもちゃ、寝具類を近くに置かない。
- 絶対にウォーターベッドで寝かせない。
- マットレスと壁のすきま、マットレスとヘッドボードのすきまなど、赤ちゃんの頭がはさまりそうなすきまをなくす。
- 赤ちゃんがベッドから落ちたり大人の下敷きになったりしないように、添い寝用アタッチメントを使用する。
- ソファで添い寝しない。
- 赤ちゃんが夜のあいだに危ない場所へ移動しないように、おくるみできっちりくるんでおく。
●必ずあおむけに寝かせる。
●タバコはやめましょう！　母親がタバコを吸う場合、赤ちゃんの突然死による死亡率が高くなります。
●酔っぱらって添い寝しない。

〈監修者からのアドバイス〉大人のベッドで添い寝するとき、赤ちゃんをひとりでベッドに残さないでください。大人のベッドは赤ちゃんには柔らかすぎるし、大人の掛けぶとんは赤ちゃんには重すぎるからです。

Q&A

睡眠に関するQ&A

Ⓠ **赤ちゃんが眠ったと思ってベッドに寝かせると、数分で目をさまして泣き叫ぶんです。なぜでしょうか？**

Ⓐ 眠ったように見えても、赤ちゃんはまだうっすらと周囲の状況を感じています。赤ちゃんにしてみれば、おかあさんの腕に抱かれているのと、動かないベビーベッドに寝かされるのとでは、大きな違いがあるのです。

「抱っこからベッドへ」の変化に赤ちゃんが上手に対応できるように、「五つのスイッチ」をやってあげてください。「おくるみ」と「シーッ」と「ゆらゆら」を使えば、おかあさんの腕とベビーベッドの落差が少し縮まって、夜中に起きる回数が一〜二回少なくなるでしょう。

Ⓠ **授乳のあと、赤ちゃんが眠ってしまいました。起こしてでも、げっぷをさせたほうがいいでしょうか？**

Ⓐ はい。眠っているあいだの溢乳を避けるために、げっぷをさせておいてください。おむつも替えてあげましょう。おむつかぶれを防ぐためです。授乳のあと、赤ちゃんは少しぼんやりした状態なので、またすぐに眠ってしまいます。とくに、「五つのスイッチ」を使っている

場合はそうです。

夜、赤ちゃんのおしりに軟膏を塗ってあげるのも、いいアイデアです。赤ちゃんが眠っているあいだにおしっこやうんちをしても、おしりがかぶれるのを防ぐことができます。

Ⓠ **あたたかい季節には、赤ちゃんをおくるみでくるむと暑すぎるのではないかと心配です。夜、赤ちゃんが暑すぎるかどうかは、どうやったら見分けられますか？**

Ⓐ 簡単です。耳とつま先を触ってみてください。赤みがさして、汗ばんで、かなりあたたかければ、赤ちゃんは暑すぎる状態です。反対に、青くて冷たくなっていたら、寒すぎる状態です。あたたかすぎず、冷たすぎず、しっとりした状態であれば、赤ちゃんの体温はちょうどいいはずです。

夏の暑い盛りでも、おくるみは効果的です。赤ちゃんをおむつだけにして、ごく薄手の綿毛布でくるんであげてください。シーツを四角に切って縁をかがり、すごく薄手の夏用おくるみを作ったおばあちゃんもいます。

Ⓠ **急速な成長のせいで赤ちゃんがよく眠ってくれない、ということはありますか？**

Ⓐ あります。赤ちゃんは、生後数ヵ月のあいだにものすごい早さで成長します。体重は、六ヵ月で約二倍になります。成長が一定のペースで進む赤ちゃんもいますが、多くの赤ちゃんは急速に成長する時期とそうでない時期をくりかえします。急速に成長する時期には、赤ちゃ

んはふだんより頻繁におなかがすき、目をさましてミルクを欲しがるかもしれません。

Ⓠ 両方のおっぱいを飲ませたほうが、赤ちゃんはよく眠るでしょうか？ それとも、片方だけにして最後まで飲ませたほうがよく眠るでしょうか？

Ⓐ 粉ミルクの場合は、最初の一滴から最後の一滴まで濃度が変わることはありませんが、母乳の場合は授乳のあいだに成分がずいぶん変わります。最初の五分ほどは、たんぱく質や抗体をたっぷり含んだ母乳が出ます。また、のどの渇いている赤ちゃんが満足するように、しゃびしゃびした薄めの母乳です。一〇〜一五分飲ませていると、母乳の出は少なくなり、クリーミーで甘いデザートのような濃い母乳になります。

最初から最後まで片方の乳房だけで授乳するよう勧める専門家もいます。両方の乳房から数分ずつ飲ませると、せっかく母なる自然が赤ちゃんを満足させ眠くさせるために用意してくれた「デザート」を飲ませることができなくなる、というわけです。

一方、両方の乳房から飲ませたほうが赤ちゃんがたくさん母乳を飲むことができると考えて、片方の乳房で七分くらい飲ませたら乳房を替えて飲ませなさい、とアドバイスする専門家もいます。

わたしは、それぞれのおかあさんと赤ちゃんがいろいろ試してみて、自分たちにとってベストな方法を見つければいい、と考えています。片方の乳房から飲ませるだけで昼間の授乳間隔が二時間あき、夜も四時間程度もつならば、乳房を替えて飲ませる必要はありません。

でも、赤ちゃんがしょっちゅうおっぱいを欲しがったり、体重の増加が遅い場合には、片方を七分間飲ませたあと、もう一方を一〇〜一五分、あるいはもう少し長く飲ませるとよいでしょう。こうすれば、赤ちゃんは両方の乳房から出る母乳でおなかがいっぱいになるし、二番目の乳房から「デザート」を飲むこともできるわけです。

Q なぜ、うちの赤ちゃんは夜明けと同時に目をさましてしまうのでしょうか？

A 赤ちゃんは、眠っているときでも感じたり聞いたり見たりしているのです。朝の光は赤ちゃんの閉じたまぶたを透過し、あるいは薄い頭蓋骨を透過して、目ざまし時計のように赤ちゃんを起こしてしまいます。でも、遮光カーテンなどで夜明けの光をさえぎり、ホワイト・ノイズで鳥のさえずりや犬の声や車の音や隣近所の音を消してあげれば、赤ちゃんはもうしばらく眠ってくれるでしょう。少しのあいだ、おかあさんと添い寝するのもいいかもしれません。

それでも起きてしまう赤ちゃんの場合には、ママやパパがあたたかいベッドにしかたなく別れを告げて、「早起き鳥」の赤ちゃんといっしょに早朝散歩に出かけることになるでしょう。いまはそうは思えないかもしれませんが、いつかきっと、赤ちゃんを抱いて朝早く散歩した日々をなつかしく思い出すときが来ますよ。

Q 赤ちゃんにベビー・キャリアの中で眠る癖をつけないほうがいいですか？

A ベビー・キャリアに入れてもらって外を散歩したら、赤ちゃんが眠らないほうが不思議です。

だって、抱っこされて、軽く揺られて、リズミカルで安心なおかあさんの息づかいを聞いて、と、赤ちゃんの好きな刺激が三つもそろっているのですから。ベビー・キャリアや子守帯は、子宮への郷愁を満たしてくれるすばらしい道具です。だから、悪い癖がつくかしら、なんて心配しないでください。四ヵ月になれば、赤ちゃんは自分で楽しみを見つけることができるようになり、そんなにしょっちゅう抱っこしてあげなくてもよくなります（そのころには、赤ちゃんよりも親のほうが「抱きぐせ」をやめられなくなっている場合が多いようですよ）。

Q 赤ちゃんを親の胸の上で眠らせてもいいですか？

A 通常、わたしはあまりお勧めしません。昔、ある夫婦から真夜中に電話がかかってきたことがありました。生後四週間になる赤ちゃんがおとうさんの胸から落ちて、ベッドわきの壁にぶつかったのです。夫婦が疲れてぐっすり眠ってしまったときの事故でした。さいわい、赤ちゃんには別状ありませんでしたが、このような事故は重大なけがに至る場合もあります。

ディディとリチャードは、息子のキャメロンが夜1時間ごとに起きて泣くので、もうくたくたでした。昼間できるだけキャメロンを起こしておく工夫もしてみましたが、かえって疲れすぎてきげんが悪くなる始末。夜になると、お風呂に入れたり、掃除機の音を聞かせたり、車でドライブしたりするのですが、キャメロンは「エンターテインメント」が終わるとまたすぐに泣き出してしまいます。

それでも、やがて、おくるみにきっちりくるんで、スウィング・チェアにのせ、すぐそばでホワイト・ノイズを鳴らしておくとキャメロンがよく眠る、ということがわかってきました。でも、そのまま放っておくのは心配だったので、ママとパパはキャメロンが寝入ったところでベビーベッドに戻すようにしていました。キャメロンは以前よりよく眠るようになりましたが、それでも3〜4時間ごとに目をさましました。

ある日、ついに、ママとパパはキャメロンをもっと長く寝かせる秘訣を発見しました。たまたま、キャメロンをスウィング・チェアにのせたまま2人とも疲れて眠ってしまい、一晩じゅうホワイト・ノイズを流しっぱなしにしていたのです。これで、状況が一気に好転しました。「赤ちゃんが泣きやむ5つのスイッチ」のおかげで、キャメロンは6時間続けて眠り、ミルクを飲んで、また3時間も眠るようになりました。

＊

ママ・パパの声

デボラとアンドリューは、双子の赤ちゃんオードリーとソフィアを生まれたその日からおくるみにくるみました。おくるみのおかげで、双子ちゃんたちは夜たっぷりと眠ってくれました。生後４ヵ月になっても、双子ちゃんはおくるみにくるんでもらって、毎晩たっぷり8時間眠りました。

*

娘のイヴは、生後4週間を過ぎたころからよく泣くようになりました。ミルクを飲んでいるときと眠っているとき以外はぐずりつづけ、ときにはどうしようもない大声で泣き叫ぶのです。ある夜、イヴは大泣きしたせいで鼻が詰まって、息が苦しそうになりました。わたしは、ドクター・カープに電話をしました。電話を取ってくれたのは看護婦のルイーズで、わたしはイヴを抱いた両腕を衣類乾燥機の上にのせたまま事情を説明しました。乾燥機の音と振動とあたたかさでイヴが泣きやんだので、何分か会話ができました。

それから2週間、あの晩ルイーズに教えてもらった「5つのスイッチ」が上達するにつれて、イヴは毎晩6〜8時間も眠るようになりました。おくるみは、生後6ヵ月まで使いました。ただ、もうそのころには、指しゃぶりできるよう片腕を出してくるむようにしていました。

*

＊

ほんとうに、おくるみがすべてのカギだったんです！　長男のイーライはおとなしくおくるみにくるまれてくれたんですけど、次男のベンジーはありったけの力で抵抗しました。でも、おくるみにくるまないと、揺らしても、おしゃぶりをくわえさせても、「シーッ」をやっても、効かないんです。

「5つのスイッチ」を何日か練習してからは、よく眠るようになりました。いま、ベンジーは生後6週間です。本当なら最悪の時期なんでしょうけれど、とっても育てやすい子です。お昼寝もたっぷりしますし、夜は途中１回ミルクを飲むだけで、7時間から9時間も眠ってくれます。

お昼寝のときは、スウィング・チェアにのせて速いスピードで揺らし、ホワイト・ノイズをかなり大きい音でかけておきます。お昼寝は、なるべく何回もさせるようにしています。ベンジーは興奮しやすいので、昼間に長いこと起こしておくと、神経がなかなか鎮まらないんです。それで、あの子がぐずりだすと、わたしは「それ来た！」とばかりにあの子をスウィング・チェアにのせるんです。

むずかしい赤ちゃんをお持ちのおかあさんには、ぜひ、この方法をお勧めます。昼も夜もずっとあの子を抱っこしていたら、いまごろ自分がどうなっていたか、想像もできません。わたしにとっても、ベンジーにとっても、ほんとうによかったです。

ママ・パパの声

ワイアットが生後2ヵ月のころ、両親は、夜、ワイアットをおくるみでくるんでホワイト・ノイズを流しておくと5時間眠るけれど、両手を自由にして部屋を静かにしておくと3時間しか眠らないことに気づきました。

ママのリーザが、こんな話をしてくれました。

「おくるみの威力は、ありがたいと思いました。でも、癖になったらどうしよう、と思うと心配で、ワイアットが生後3ヵ月になるのと同時に、おくるみを使わずにベッドで寝かせるようにしたんです。

それで万事順調に見えたのですが、1ヵ月後に突然、ワイアットが夜2時間ごとに目をさまして泣き叫ぶようになりました。歯が生えかけているんじゃないか、とか、急成長期のせいではないか、などと考えて悩みました。4ヵ月健診のとき、わたしはこのことをドクター・カープに話しました。ドクター・カープは、おくるみとホワイト・ノイズを復活させてみてはどうか、とアドバイスしてくれました。正直なところ、ワイアットはもうおくるみにくるんでほしがるような赤ちゃんではないと思ったんですが、とにかく藁《わら》にもすがる思いでした。

ふた晩で、ワイアットは変わりました。それまでひと晩に5回も目をさまして泣きわめいていたのが、1回だけ目をさまして、ミルクを飲んだらすぐにまた眠って、朝の6時までぐっすりなんです！　装置で滝の水音を聞かせたんですが、それもすごく気に入ったようでした」

おわりに

ばんざーい！　生まれた直後は、目の焦点も合わず、眠ってばかりいた赤ちゃん。いま四ヵ月になって、赤ちゃんは笑ったり声を出したりして、世界に向けて「リハーサルはおしまい。いよいよ舞台の幕が上がる日が来たわ！」と宣言しているみたいです。

へその緒が切れてから、長い長い三ヵ月でした。いまようやく、あなたの赤ちゃんはほんとうに生まれる準備ができたのです。おかあさんの子宮の中から広い世界へ出されて、むずかしい変化の時期を乗り切り、思うようにならない未熟な肉体からようやく自由になろうとしています。これからは、からだもぐんぐん動かせるようになって、びっくりすることがあっても泣かずに乗り越えられそうです。

この短い期間に赤ちゃんが達成したことを、どうかしっかりと評価してあげてください。ほんとうに驚くべき成果です。簡単に言えば、あなたの赤ちゃんは、何百万年分に相当する進化の過程をわずか九〇日でビュンと飛び越えたことになります。生まれ落ちた日にはネズミと変わらないほど無力だった存在が、いまやヒトとして最も重要な能力――肉体的・社会的に世界へ向かって手を伸ばす能力――を身につけようとしています。握りこぶしの力を抜き、開いた両手を使って、赤ちゃんはガラガラをつかむことができます。ママの鼻をつかむこともできます。そして、歯のない口を開けて愛らしい笑顔を見せ、会う人すべてをとりこにしてしまう魅力を振りまこうとしています！

ようやくこの世にデビューをはたした赤ちゃん。これからは、ぴかぴかの一年生みたいに、おしゃべりで忙しくなりそうです。赤ちゃんは、やっと、いろいろなことを学び、いろいろな人と友だちになる準備ができたのです。こうして赤ちゃんの好奇心が育ってくると、もう、うつぶせで寝かされるのはいやがるようになるでしょう。生まれたばかりの赤ちゃんは、うつぶせにしてもらうと気持ちがおちつくし、わけのわからない周囲の世界を見なくてすむので、うつぶせが大好きです。でも、四ヵ月になった赤ちゃんは、あおむけに寝かせてほしい、と主張するはずです。まわりの世界を見たいからです。いまでは、あなたの赤ちゃんはわけのわからない周囲の世界に興味を持つほどに成長し、遊びたくてうずうずしています。

ママとパパも、ひとつの山を越えたいま、ほっと一息つきたいと望んでいることでしょう。この三ヵ月というもの、ママもパパも自分を捨てて痛みや疲れや不安に耐えてきました。いままでは、りっぱなベテラン・ママとベテラン・パパです。「赤ちゃん学」の博士号を差し上げたいぐらいです。育児の新米だったママとパパが赤ちゃんの目でこの世界を見ることを学び、太古の昔から受けつがれてきた赤ちゃんを泣きやませるテクニックを習得するうえで、この本がお役に立てたならば、こんなにうれしいことはありません。

赤ちゃんの誕生から三ヵ月、困難なトンネルの先に、ようやく光が見えてきました。トンネルの向こうに燦然《さんぜん》と輝くのは、七色の虹です。あなたが注いできた愛情と努力がようやく報われ、これからほんとうに楽しい日々が始まろうとしています。おめでとう！　あなたの赤ちゃんは、世界でいちばんごきげんな赤ちゃんへの道を元気よく歩きはじめたのです！

付録

こんなときは、お医者さんに相談してください

さいわい、コリックの赤ちゃんの大半は、病気ではありません。おかあさんのおなかから外に出されて、「ホームシック」にかかっているだけです。でも、病気が原因で泣いているケースも考えられます。心配な点があれば、もちろん、お医者さんに相談すべきです。お医者さんは、まず、あなたの赤ちゃんがコリックなのか、それとももっと重大な病気で泣いているのかを判断するために、次の二つの質問をするでしょう。

- 赤ちゃんは順調に成長していて、泣く以外はふつうに見えますか?
- 一日のうちで、長いあいだおとなしくしている時間がありますか?

この二つの質問に対して、答えがどちらか一つでも「ノー」である場合には、お医者さんは、さらに、赤ちゃんが泣いていないときのようすをたずねるはずです。お医者さんがチェックしようとしているのは、次の一〇のポイントです。

●たえまないうめき声（うなり声や弱々しい泣き声が何時間も続く）
●尋常でない泣き声（これまで聞いたことのないような泣き声）
●何度も吐く、緑色や黄色のものを吐く（一回三〇cc以上、一日五回以上）
●便の変化（便秘、下痢、とくに血便）
●授乳中にぐずる（からだをよじる、背中をそらす、授乳中または授乳直後に泣く）
●体温の異常（直腸体温で三八℃以上または三六℃以下）
●きげんが悪い（ずっと泣いていて、泣きやむときがない）
●嗜眠《しみん》状態（ふつうの二倍以上も長く眠る、ぼんやりしている、授乳間隔が八〜一二時間あいてもミルクを熱心に飲まない）
●大泉門《だいせんもん》（前頭部の頭蓋骨がまだ閉じていない部分）の膨隆《ぼうりゅう》（上半身を起こした状態でも）
●体重があまり増えない（一日一五グラム以下）

赤ちゃんが泣きやまず、右の一〇のチェックにひっかかる症状が見られる場合、お医者さんは、それが重大な（とはいっても治療可能な）病気を示す徴候でないかどうか、調べます。ただ、ここでおぼえておいていただきたいのは、これから紹介するような症例はきわめてまれなケースである、ということです。食物アレルギーと胃食道逆流が原因のコリックを別として、ひどく泣きつづける赤ちゃんのうちで次のような問題が原因となっているケースは一パーセントにも達しません。

感染症

感染症かどうかは熱を測ればわかると思うかもしれませんが、新生児は病気でも発熱しない場合がよくあります。だから、赤ちゃんが泣きやまないとき、熱がなくても、数時間以上にわたって嗜眠状態やきげんの悪い状態が続くようならば、感染症を疑ってみる必要があります。すぐにお医者さんと連絡を取ってください。お医者さんは、次のような点をチェックするはずです。

中耳炎——赤ちゃんは中耳炎にかかってもきげんが悪いだけで、耳に手をやるような動作はほとんどしません。

尿路感染症——尿に異臭がある場合よりも、そうでない場合のほうが多いです。

脳炎（髄膜炎）——大泉門の膨隆、嘔吐、嗜眠、きげんの悪い状態などが一〜二日で急激に悪化します。

盲腸炎——おなかが固くなる、食欲がなくなる、きげんの悪い状態が続く、などの症状が出ますが、赤ちゃんには非常にまれな病気です。

急性胃腸炎——「おなかにくる風邪」にかかった赤ちゃんは、嘔吐や下痢などの症状を示します。風邪をひいている人と接触した可能性があります。

おなかのトラブル

コリックの赤ちゃんのうち、一〇〜一五パーセントはおなかの痛みが原因で泣いていると考えられます。おなかの痛みの原因となる病気を、重大な順に挙げておきます。

イレウス（腸管通過障害）——非常にまれですが、重大な病気です。誕生直後に起きることもありますし、生後何週間か経過したあとに起きることもあります。赤ちゃんは何度もくりかえして（間欠的に）ひどい痛みに襲われ、吐くようになります。便が出なくなることもあります。吐瀉物《としゃぶつ》には、しばしば黄や緑の着色が見られます（母乳栄養児の場合、生まれてまもない時期に黄色いものを吐くことがありますが、これは初乳の色です。ただし、赤ちゃんが黄色いものを吐いた場合は、けっしてミルクのせいだと考えてはいけません。すぐにお医者さんの診察を受け、重大な病気が隠れていないかどうかチェックしてもらう必要があります）。

胃食道逆流——胃液による胸焼けが原因で泣いている赤ちゃんは、大泣きする赤ちゃんのうち、約一〜三パーセントです。

食物アレルギー——大泣きする赤ちゃんの五〜一〇パーセントは、ミルクを替えると大泣きがおさまることから、食物アレルギーが原因ではないかと考えられます。食物アレルギーの場合、大泣きのほかに、嘔吐、下痢、発疹、粘血便などが見られます。

授乳の前／中／後に赤ちゃんが泣くとき

授乳直前に泣く場合──おなかがすいている、のどがかわいている、かんが強い
授乳中に泣く場合──摂食腸管反射、ミルクの出が少なすぎる／多すぎる、ミルクにへんな味がする、胃食道逆流
授乳直後に泣く場合──まだおなかがすいている、摂食腸管反射、げっぷがしたい、うんちがしたい、もっと何かしゃぶりたい、食物アレルギー、胃食道逆流

呼吸のトラブル

呼吸のトラブルでいちばん多いのは、赤ちゃんの小さな鼻の穴がつまってしまうケースです。赤ちゃんは、泣いているときを除いて、口から呼吸することを知りません。だから、生まれつき鼻の穴が狭い赤ちゃんや、アレルギーや寒さによって鼻の粘膜がはれやすい赤ちゃんは、鼻がつまって大泣きするのです。

鼻がつまっているかどうかをテストするには、おかあさんの小指の先で赤ちゃんの片方の鼻の穴を数秒間ふさいでみてください。もう一方の鼻孔で呼吸できていれば、問題ありません。反対側の鼻孔も、同じようにテストしてみてください。

このテストをしたときに赤ちゃんが呼吸できなかったり、ひどくいやがるようならば、お医者さんに相談してください。鼻汁で鼻がつまっている場合は、鼻汁を取る方法をお医者さんにたずねてください。そして、家の中からほこり、カビ、スプレー剤、香水、タバコの煙など、鼻づまりの原因となるものをできるだけなくすよう努力してください。

非常にまれですが、赤ちゃんの舌が口に対して大きすぎる場合、あおむけに寝かせると舌がのどをふさぐ形になって呼吸がしにくい、というケースもあります。ただ、この場合は赤ちゃんの舌先が常に口から出ているので、誕生直後からわかるはずです。

脳圧亢進

赤ちゃんの頭蓋内で脳圧が高まると、次のような症状が出ます。

- 頭痛のため、きげんが悪くなり、よく泣く。
- 嘔吐する。
- 異常にかん高い声で泣く。
- おすわりさせた姿勢でも大泉門に膨隆《ぼうりゅう》が見られる。
- 前頭部の血管が浮き出ている。
- 頭が急激に大きくなる（健診のたびにお医者さんが頭囲を計測するはずです）。

●落陽《らくよう》現象（目を大きく見開き、瞳孔が下を向き、上に白目が半月形にあらわれるため、瞳が沈む夕陽のように見える）。

赤ちゃんにこのような症状が見られたら、すぐにお医者さんの診察を受けてください。

皮膚のトラブル

昔は、ふだんきげんの良い赤ちゃんが急に激しく泣き出したときには、親はおむつをはずして安全ピンがはずれていないかどうか調べたものです。いまの時代には安全ピンを心配する必要はありませんが、赤ちゃんがこんな泣き方をしたときには、手足の指やペニスに細い毛髪や糸がきつく巻きついていないかどうか、確かめてください。そして、これが原因だとわかった場合には、すぐにお医者さんへ連れていってください（お医者さんは、脱毛クリームで髪の毛をとかしてくれるでしょう）。

口内のトラブル

カンジダ菌の感染によって起こる鵞口瘡《がこうそう》は、口の粘膜に乳かすが付着したようなものができて、拭いてもとれないので、すぐに診断がつきます。同じ菌の感染によって、おむつが当たる部分に赤い丘疹《きゅうしん》ができたり、母乳を飲ませているおかあさんの乳首が赤くかゆくなったりする場合もあります。

鵞口瘡が大泣きの原因になることはまれですが、口の中がただれると、赤ちゃんが泣く原因になる場合があります。さいわい、鵞口瘡は簡単な治療ですぐによくなります。

歯が生えようとしているせいで赤ちゃんが泣くのでしょうか、という質問をよく受けますが、そういうことは、まず考えられません。なぜなら、生後二ヵ月の赤ちゃんに歯が生えるのは、ニワトリに歯が生えるのと同じくらい考えにくいことだからです。それでも、歯が生えるときの痛みで赤ちゃんが泣いているのだと思う人は、アセトアミノフェン（鎮痛解熱剤）を与えて大泣きが改善するかどうかようすを見てください（投薬量については、お医者さんに相談してください）。アセトアミノフェンには、コリックを治す効果はありませんが、歯痛を軽減する効果があります。

腎臓のトラブル

赤ちゃんが昼夜を問わず泣きつづける原因として、きわめてまれではありますが、尿閉《にょうへい》（おしっこがなかなか出ない状態）も皆無ではありません。典型的なコリックと違うところは、コリックは二ヵ月ほどでおさまりはじめるのに対して、腎臓のトラブルが原因の大泣きは悪化する一方である、という点です。

目のトラブル

非常にまれですが、緑内障（眼球内の圧が高まる）が考えられます。その他には、角膜をこすった、まぶたの内側に小さな異物（まつげなど）がはいった、といったことが考えられます。赤ちゃんの目が充血して昼も夜も痛そうに泣きつづける場合、お医者さんはこうした可能性を考えるはずです。

過剰摂取

赤ちゃんが大泣きしつづける場合、塩分の過剰摂取も原因として考えられます。これは、粉ミルクを溶くお湯が少なすぎる場合によく起こります。また、ごくまれに、おかあさんの母乳の分泌量が少なすぎると母乳に含まれる塩分が多くなり、生後一週間以降にこうした症状があらわれる場合があります。こういう赤ちゃんは、体重の増加が少ない、ミルク以外の水分を摂っていない、一日じゅうきげんがわるく嗜眠状態である、といった特徴から、すぐに判断がつきます。

ビタミンAの過剰摂取が赤ちゃんの大泣きの原因となるのは、きわめてまれです。こういう症状は、ビタミン・サプリメントや魚油を大量投与されている赤ちゃんにしか起こりません。

その他

これまで赤ちゃんが大泣きしつづける原因として報告されてきたもののなかで、右に挙げた以外にきわめてまれな例としては、骨折、果糖アレルギー、片頭痛、甲状腺機能亢進、心臓疾患などがあります。こういう赤ちゃんは、一日に三時間大泣きするだけでなく、行動全般に異常が見られます。

監修者あとがき

昔にくらべ洗濯や炊事などの家事は大幅に便利になったのに、若いお母さんの育児はかえって難しい時代となっています。そのいちばんの理由は、育児を教えてくれたり、アドバイスしてくれたりする人が周囲にいなくなったこと。それで不安になってしまうのです。

この本に書かれている「五つのスイッチ」は、そのようなお母さん方へのとっておきのアドバイスです。若いご両親が最も途方に暮れて子育てに自信をなくしてしまうのは、赤ちゃんが理由もなく泣き続けたり、夜中に何度も何度も起きてしまうことでしょう。「疳《かん》の虫《むし》」という言葉があるように、どうしても泣きやまない赤ちゃんがいることは昔から皆知っていました。

この本の著者カープ先生は、赤ちゃんの疳の虫（英語ではコリックと呼んでいます）を、生まれるまでお母さんのお腹の中で暖かくしっかり抱きかかえられていた赤ちゃんが、刺激の多い子宮外の世界に慣れるまでの間に起こる当然の出来事である、と説明しています。

牛や馬などの他の哺乳類の動物の赤ちゃんは、生まれて間もなく一人で歩き出すのに、人間の赤ちゃんは最初の三〜四ヵ月は寝返りさえできないのです。人間の赤ちゃんは大きな脳を持っているので、早く生まれないと頭がつっかえてしまうし、生まれた後に、最も知能の発達した生き物として、たくさんのことを学ばなければなりません。カープ先生は、人間の赤ちゃんは本来もう三ヵ月お母さんのおなかにいるべきであったと考えました。生理的に早産児だというわけです。そして、生まれた後の三ヵ月は、お腹の中にいたときから連続して考える必要があると言っています。

カープ先生の言う赤ちゃんを静かにさせる「五つのスイッチ」は、じつは育児の知恵として、世界中のお母さん方が昔からやってきたことでした。それが赤ちゃんが病院で生まれ、若い両親だけの家に帰ってしまう現代の子育てでは、だれも教えてくれなくなってしまったのです。私も診察時には、赤ちゃんを静かにさせるために、おくるみ以外のスイッチを自然にやっていますす。自慢話のようですが、看護師さんやお母さん方は、私が赤ちゃんを抱っこするとみんな泣きやむので、「仁志田先生の手は魔法の手だ」と言ってくれています。でも、なにも特別なことをしているわけではありません。カープ先生が言うように誰でもできることなのです。

「五つのスイッチ」がとても役立つことは間違いのない事実ですが、アメリカと日本の子育ての環境が多少違いますので、いくつかの注意を含めた説明をしましょう。

「おくるみ」は、日本のお母さんにとってたぶんいちばんなじみがないかもしれません。しかし、これはヨーロッパのみならず、中国や南米にいたるまで世界中で広く行われています。なぜ静かになるかは、子宮の中にいるのと同じように抱きしめられている感覚になるからだと考えられています。ポイントは、上半身をきちんと巻くこと、腰から下の下半身は緩く巻くことです。昔の巻きおむつのようにきつく巻くと、股関節脱臼の原因となるので注意してください。また、おくるみに包んだ赤ちゃんをうつぶせに寝かせると、身動きができないので危険です。横向きやうつぶせは、お母さんの膝の上で静かにさせるときや、寝かしつけるためにあやすときだけにしてください。

「シーッという音」は、大人でも「静かにして」というときに使うのと同じなのは面白いことです。もともとこの音は、子宮の中で赤ちゃんが聞いていたお母さんの動脈を流れる血流の音です。この子宮の中の音を世界で最初に録音したのは、じつは日本人なんですね。

「ゆらゆら」も通常みなさんが赤ちゃんをあやすのにおこなっていますね。おなかの中でも、お母さんが動くたびに揺られていたからでしょう。でも、むち打ちになるかもしれないほど強く揺すってはいけないのは当然のことです。

「おしゃぶり」は、日本ではよくないことと教えられた方が多いかもしれませんが、医学的には問題ありません。指しゃぶりも口や歯の形に影響を与えると心配する方がいますが、赤ちゃんの発達の一段階と思って神経質になる必要はありません。

赤ちゃんを静かにさせ、寝かせる方法には、その他に明るすぎない光、うるさすぎない音、暑すぎたり寒すぎたりしない温度環境、さらにお母さんが一緒に添い寝をして優しく体を叩いてあげながら子守歌を歌うことなどがあります。添い寝は、赤ちゃんは赤ちゃんの布団に、お母さんはお母さんの布団に隣り合わせになって寝るのがいちばんで、乳幼児突然死症候群という病気の予防にもっともよい方法と言われています。

この本を読んで、たとえ「五つのスイッチ」が全部できなくとも、「そうか、生まれて最初の三〜四ヵ月の赤ちゃんとはこんなものか」とわかっただけでも、育児に自信がつくようになると思います。

最後に、病気のときだけではなく育児のことに関しても、かかりつけの小児科の先生に気軽に相談してみてください。それが、子育てを成功させるもうひとつの秘訣です。読者のみなさんと赤ちゃんが、楽しく幸せな時間をすごせるよう祈っております。

東京女子医科大学母子総合医療センター所長
東京女子医科大学教授
仁志田博司

[監修者]

東京女子医科大学母子総合医療センター所長

東京女子医科大学教授

仁志田博司

にしだ ひろし

小児科医ですが、新生児と周産期(赤ちゃんが産まれる前後の期間)を専門とするので、赤ちゃんを見る他に胎児をお腹に抱えている妊婦さんや子育て中のお母さんと接する仕事をしています。1968年に慶應義塾大学を卒業し、アメリカで5年間研修して小児科学と新生児・周産期学の専門医の資格を取って帰国、北里大学を経て、東京女子医科大学に務めて現職となりました。4人の子どもの父親で、子育ての楽しさと大変さを身に沁みて感じています。幸いにも子どもたちはみんなとても優しい子に育ちました。その秘密は子どもの素晴らしさを信じ、躾を忘れないで心から愛することです。

[訳者]

土屋京子

つちや きょうこ

翻訳家。1980年東京大学教養学部卒業。1985年、男の子のママになる。主な訳書に『地球を救うかんたんな50の方法』『大接戦』『ワイルド・スワン』『ＥＱ～こころの知能指数』(講談社)『ヤァ・ヤァ・シスターズの聖なる秘密』(早川書房)、『ＥＱリーダーシップ』(日本経済新聞社)、『ブルックフィールドの小さな家』(福音館書店) など。

赤《あか》ちゃんがピタリ泣《な》きやむ魔法《まほう》のスイッチ

2003年3月17日　第1刷発行
2012年5月25日　第13刷発行

著　者　ハーヴェイ・カープ
監修者　仁志田博司《にしだひろし》
訳　者　土屋京子《つちやきょうこ》
発行者　鈴木　哲
発行所　株式会社講談社
東京都文京区音羽2-12-21
郵便番号112-8001
電　話　出版部　03-5395-3522
販売部　03-5395-3622
業務部　03-5395-3615
本文データ制作　講談社デジタル製作部
印刷所　豊国印刷株式会社
製本所　株式会社若林製本工場

N.D.C.599 254p 20cm

ISBN4-06-211576-X